一票の平等の政治経済学

一人一人の投票価値の平等を追求する

和田 淳一郎

keiso shobo

目　次

0. はじめに……………………………………………………………………………1

1. 人口比例……………………………………………………………………………7
   1.1　各個人の投票価値の平等　9
   1.2　厳密な比例配分の要求〜March-Levitanの定理　9

2. 最大剰余方式………………………………………………………………………13
   2.1　端数の処理　15
   2.2　アラバマパラドックス　16
   2.3　人口パラドックス　18
   2.4　均等区割パラドックス（非一貫性パラドックス）　20

3. 除数方式……………………………………………………………………………23
   3.1　除数方式とは　25
   3.2　ドント方式〜除数切捨方式，除数閾値上限方式　27
   3.3　アダムズ方式〜除数切上方式，除数閾値下限方式　31
   3.4　サンラグ方式〜除数四捨五入方式，除数閾値相加（算術）平均方式　37
   3.5　統合と分裂　41

4. 州と州の差の最小化………………………………………………………………45
   4.1　アメリカにおける定数配分　47
   4.2　「州の人口あたりの定数配分」の差の最小化
   　　　→　サンラグ方式〜除数閾値相加（算術）平均方式　48
   4.3　「州の1議席あたり人口」の差の最小化
   　　　→　Dean方式〜除数閾値調和平均方式　50

- 4.4 「人口比補正された優遇州の議席と冷遇州の議席」の差の最小化
  → ドント方式〜除数閾値上限方式　52
- 4.5 「冷遇州の人口と議席比補正された優遇州の人口」の差の最小化
  → ドント方式〜除数閾値上限方式　53
- 4.6 「優遇州の議席と人口比補正された冷遇州の議席」の差の最小化
  → アダムズ方式〜除数閾値下限方式　53
- 4.7 「議席比補正された冷遇州の人口と優遇州の人口」の差の最小化
  → アダムズ方式〜除数閾値下限方式　54
- 4.8 相対差の最小化〜比（較差）の最小化
  → Hill方式（アメリカ下院方式）〜除数閾値相乗（幾何）平均方式　54
- 4.9 2州間の網羅的比較〜Huntington（1928）の5つの方式　57

5. 人口の多い州，人口の少ない州の間の平等……………………61
- 5.1 州人口の多寡による配分方式の有利不利　63
- 5.2 州人口の多寡による偏りを引き起こさないサンラグ方式（Webster方式）　66
- 5.3 定数配分方法としてのサンラグ方式（Webster方式）の限界　67

6. 不平等を測り最小化する……………………………………………69
- 6.1 較差　71
- 6.2 ジニ係数　74
- 6.3 Loosemore-Hanby指数（MAL）　75
- 6.4 Gallagher指数　76

7. 人と人との平等〜個人還元主義の貫徹………………………………77
- 7.1 期待効用，無知のヴェールと，社会的厚生関数　79
- 7.2 相対的危険回避度一定の効用関数　81
- 7.3 Atkinson型社会的厚生関数〜ロールズ，ナッシュ，ベンサム　83
- 7.4 一般化エントロピー〜平均対数偏差，タイル指数，平方変動係数　84
- 7.5 一般化エントロピーの最小化から導かれる除数方式　89

- 7.6 α-ダイバージェンス～カルバック・ライブラー・
  ダイバージェンス，χ^2値　95
- 7.7 分解可能性と均等区割パラドックス
  （非一貫性パラドックス）の解消　104
- 7.8 州と州の平等ではなく，人と人との平等を　108

8. 一票の平等の追求～参議院 ………………………………… 113
   - 8.1 比例近似追求方式における定数配分の限界　115
   - 8.2 節操なき鮮少なる参院合区　117
   - 8.3 統治論からの要求　118
   - 8.4 大選挙区制　121
   - 8.5 大選挙区のサイズ　122
   - 8.6 大選挙区単記移譲式投票制　124

9. 定数配分の基準～総人口，当日有権者数，そして"日本国民の人口" …… 129

10. 経済学者の視点から ………………………………………… 135

11. 結　語 ……………………………………………………… 141

各国勢調査直後の定数配分とシミュレーション　149
参考文献　167
あとがき　171
索　引　179

0. はじめに

> 日本国憲法第13条
> すべて国民は，<u>個人として</u>尊重される。
>
> One Person, One Vote, One Value.

最高裁判所の裁判には，15人全員の裁判官により大法廷で行うものと，5人（定足数は3人）の裁判官により小法廷で行うものとがある。裁判所法第10条は，憲法に関わる裁判は大法廷で行うことを定めているが，ここ50年ほどは「一票の平等」に関わる選挙無効請求事件が大法廷判決の多くを占めており，「一票の平等」が，いかに日本のconstitution（憲法とも訳せるし，構造とも訳せる）において，比類無き大問題になっているかの証左となっている。

　日本国憲法は，その前文冒頭に「日本国民は，正当に選挙された国会における代表者を通じて行動」と刻み，また「そもそも国政は，国民の厳粛な信託によるものであって，その権威は国民に由来し，その権力は国民の代表者がこれを行使し，その福利は国民がこれを享受する。」と記し，間接民主制を「人類普遍の原理」として高らかに謳い上げている。間接民主制の基幹である正当な選挙制度は，その規範構造を支えるものとして，今，深く追求される必要があるのである。

　一人一票訴訟を主導する三人の弁護士の一人である伊藤真氏は，オフィシャルサイトの挨拶において「憲法でもっとも大切なもの」として憲法第13条【個人の尊重】「すべて国民は，個人として尊重される。」を挙げている[1]。また，"憲法の伝道師"として，さまざまな機会に憲法第13条の重要性を訴え続けている[2]。

　「一票の平等」という概念は，英語では"One Person, One Vote, One Value."というフレーズで表され，「各個人の投票価値の平等」の問題であることが明確にわかるようになっている。一人一票実現国民会議は，"あなたの一票は本当は何票でしょう？"と問い[3]，"各個人の一票の価値が毀損されていること"に目を向けさせているが，「一票の平等」問題の本質を，日本においても明確にしているものと考えられる。本書は，すべて国民を個人として尊重し，「各個人の投票価値の平等」を追求する。

　本書の構成を紹介する。まず第1章で，「各個人の投票価値の平等」が，比例代表制における議席配分のみならず，選挙区制における議員定数配分におい

1　http://www.itomakoto.com/greeting/index.html（2024年8月11日確認）。
2　https://www.hogakukan.com/company/ito_makoto.html（2024年8月11日確認）。
3　https://www.ippyo.org/index.php（2024年8月11日確認）。

ても，数学的な意味での厳密な比例配分を意味することを示す。

しかし，議員定数は整数であり，完全なる比例配分は，比例配分において通常発生する，真の取り分[4]の小数点以下の端数の存在ゆえに，不可能である。そこで，まず第2章で，1994年の選挙制度改革と同時に，比例ブロックへの定数配分，および1人別枠方式とともに小選挙区の定数配分に使われだした，最大剰余方式を紹介する。然るのちに，最大剰余方式が，さまざまなパラドックスをもたらすことを示す。

次に第3章で，さまざまなパラドックスを引き起こさない方式として，衆参両院の比例代表制における議席配分の手法でもあるドント方式，2020年の国勢調査に基づく定数是正で，衆院の各県への小選挙区定数配分のみならず，比例ブロックへの定数配分にまで使われることになったアダムズ方式，北欧やニュージーランドにおける比例代表制の議席配分で使われているサンラグ方式（奇数方式）などの，除数方式と呼ばれる定数配分方法について説明する。これらは，基準として定める票（人）の束を除数として，各政党の得票，あるいは各県（州）の人口を割った商を，切捨（閾値上限），切上（閾値下限），四捨五入（閾値算術（相加）平均）するという形で，統一的に理解される。ここで，比例代表制におけるドント方式の望ましい点，定数配分におけるアダムズ方式の問題点なども指摘される。

その後，さまざまなパラドックスを引き起こさないという点で望ましい除数方式の中から，一票の平等を追い求めた先人の業績を紹介する。第4章では，当時のアメリカ数学会会長である Huntington（1928）が，州の間の"差"の網羅的比較から導出される，ドント方式，アダムズ方式，サンラグ方式，および，アメリカ下院の現行定数配分方式（除数閾値幾何（相乗）平均方式）を含む，5つの除数方式を整理した。また，第5章では，人口の多い州と人口の少ない州との間の平等を追求した Balinski and Young（1982，邦訳1987）の業績を示す。

第6章でさまざまな不平等指数の可能性を検証した後，第7章で，人と人との平等，「各個人の投票価値の平等」に基づく定数配分方法を示す。この定数

---

[4] i 州（県）の人口 P_i を総人口 P で割った人口割合 $\left(\frac{P_i}{P}\right)$ に総定数 H をかけた値 $\left(\frac{P_i}{P}H\right)$。

配分方式を追究する中で推奨される定数配分方法は，必ず，Huntington（1928）が推奨した現行アメリカ下院方式（Hill 方式）と，Balinski and Young（1982, 邦訳 1987）が推奨するサンラグ方式（定数配分の際には Webster 方式と呼ばれることが多い）の間となり，現実的にはその一方と一致，双方が一致するときには同一解を与える。

第 8 章では総定数（改選総数）が少ない参議院の文脈で一票の平等を追求する。「各個人の投票価値の平等」に近似する定数配分方法が定まったとしても，参議院選挙区選挙のように，総定数に比べて配分すべき県（州）の数が多すぎる場合，とても平等とはいえないような解が現れてくる。そこで，人権論が要求する完全なる比例配分が数学的に無理であるとしても，近似整数値解として，どこまでは求めなければならないかを示す。ここでは，一人一票訴訟を主導する三人の弁護士の一人である升永英俊弁護士が論ずる，統治論，多数決原理[5]が借用される。直感的には厳しい条件のように見えるが，在任当時の西岡武夫参議院議長の提案[6]が採用されていれば達成されえたことが示される。

第 9 章では，ここまで "人口" という形で厳密に追究することなく扱ってきた定数配分の基準について取り扱い，日米をはじめ多くの国と対称的な取り扱いになっていた基準が，安倍晋三内閣の時期に，細田博之氏主導のもと，日本だけが排外的な方向に走ってしまったことを示す。

本書は，一貫して人と人との公平という観点で論じられるが，最後に，1978 年 8 月 11 日の東京高裁判決などに見られる歪んだ代表感が引き起こす非効率を示し，公平性のみならず，効率性の点からも，一票の不平等は解決されなければいけない大きな問題であることを示して，巻が閉じられる。

---

5 升永（2020）。
6 『毎日新聞』2010 年 12 月 22 日夕刊 1 面，『読売新聞』2010 年 12 月 23 日朝刊 2 面，『朝日新聞』2010 年 12 月 23 日朝刊 4 面。

1. 人口比例

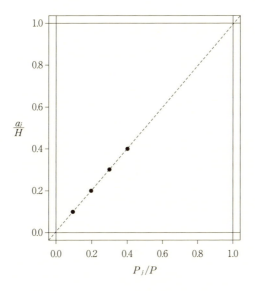

人口（得票）の割合＝定数（議席）配分の割合

1.1 各個人の投票価値の平等

　間接民主制においても，当該地区を分けることなく，直接市民が1人のcity manager（市長）のみを2人の候補者から選ぶのならば，単純多数決が投票価値の平等を保障する[1]。

　しかし，議会制民主主義を形成するためには，選挙区制での定数配分はもちろん，そこから十分に類推されることではあるが，比例代表制における議席配分においても，「各個人の投票価値の平等」の，数学的な意味での完全達成は困難である。いずれの場合においても，定数なり，議席なりの真の比例配分には，ほぼ確実に小数点以下の端数が生じる。人口に比例して配分する，投じられた票に比例して配分すると口で言うだけでは，定数配分，議席配分の問題が解決しているわけではないのである。しかし，「各個人の投票価値の平等」を目指すためには，比例配分が追求され続けなければならない。

1.2 厳密な比例配分の要求〜March-Levitanの定理

　議会制民主主義における，定数配分・選挙区割において，「各個人の投票価値の平等」を追求するということは，人の数のみを基準に，いつの時代かに策定された選挙区，県などに対して恣意的な扱いはせずに議員定数を配分するということである。すべての個人を同じように扱うということは，人種，信条，性別，社会的身分または門地はもちろん，政治的，経済的または社会的関係において区別をしない，すなわち，イエ，ムラ，クニなどに加え，すでに実態を失って久しい郡，日々の通勤で軽やかに越える市町村や県などの区別をせず，すべての人間を等しく匿名の存在として扱うということであり，平等に取り扱われなければならない人の数のみを基準に考えなくてはいけないということで

---

[1] すべての投票者を平等に扱う「匿名性」以外に，両提案を平等に扱う「中立性」，小さな声にも反応する「正の感応性」，抽選などによらずに決められる「決定性」を加えると，単純多数決のみが集団的決定関数として認められることが，May（1952）によりMayの定理として証明されている。もちろん，候補者2人における奇数有権者による単純多数決がこの4つの公理を満たし，当選者を1人に絞ることは自明である。

ある。

実は，比例という条件などは要求しなくとも，人の数のみを基準にして，どの選挙区（県）も特別扱いしない（どの選挙区（県）に属そうとも一人一人の人間を同じように扱う）という条件だけで，議員定数は人口に関して数学的な意味で厳密な比例配分にせざるをえないのである。当然，定数の逆転配分などは，決して起こりえない[2]。これは，Luce and Raiffa (1957, p. 362) により紹介された March-Levitan の業績の応用で，数学的な定理として示すことができる[3]。

[March-Levitan の定理]

議員定数配分において，公理として
【1】議員定数配分は，人の数のみにより決まる。
【2】すべての選挙区（県）は同じように扱われる。
をおくと，厳密な比例配分のみが条件を満たす。

[証明]

総人口を P，議会の総定数を H とし，各選挙区（県）の人口割合を P_1/P, $P_2/P, \cdots$，定数配分割合を $a_1/H, a_2/H, \cdots$，としよう。条件1より，定数配分 (a_j) を定めるのは人の数 (P_j) のみなので，任意の選挙区（県） j に対して適当な関数 $f_j(\cdot)$ により

$$a_j/H = f_j(P_j/P)$$

とおける。また，条件2より，扱いが同じ（関数が同じ $f(\cdot)$）でなければなら

---

[2] 石川 (1985)，越山・山口・村田 (1985) などでは，人口比例の原則として，逆転不可の原則，逆転現象の禁止などを挙げている。これは，1994年の選挙制度改革前の一票の不平等が酷い時代には逆転現象が多発していたからであろう。選挙制度改革以降は曲がりなりにも定数配分方法が定められたことにより，逆転現象は起きないはずであったが，安倍晋三長期政権下に定数是正が蔑ろにされ続けたこともあって，神奈川県と大阪府の逆転現象などが観察されることになってしまった。

[3] March-Levitan は，比例代表制における各党への議席配分問題として定理化しているが，「各個人の投票価値の平等」を追究するという点で，比例代表制における議席配分と，選挙区制における各県（州）に対する定数配分は数学的に同じ問題となる。

ないので，

$$a_j/H = f(P_j/P)$$

となる。

人口割合として任意の $0 \leq u \leq 1, 0 \leq v \leq 1, u+v \leq 1$ をとると，人口割合も定数配分割合も，その和が1であることより

$$f(u) + f(v) + f(1-u-v) = 1 \tag{1}$$
$$f(u+v) + f(1-u-v) = 1 \tag{2}$$

(2)−(1) より

$$f(u+v) = f(u) + f(v) \tag{3}$$

(3) に $u=v=0$ を代入することにより

$$f(0) = 0$$

したがって，(1) あるいは (2) より

$$f(1) = 1$$

$u=v=1/P$ とおくと (3) より

$$f(2/P) = 2f(1/P)$$

次に改めて $u=2/P$ とすれば，

$$f(3/P) = 2f(1/P) + f(1/P) = 3f(1/P)$$

同様にして，任意の人口である整数 n に関して

$$f(n/P) = nf(1/P)$$

さらに，

$$1 = f(1) = f(P/P) = Pf(1/P)$$

より，

$$f(1/P)=1/P$$

したがって，任意の整数 n に関して関数形が

$$f(n/P)=n/P$$

と定まる。すなわち，任意の選挙区（県）j の定数配分割合 (a_j/H) はその人口割合 (P_j/P) に等しい

$$a_j/H=f(P_j/P)=P_j/P$$

あるいは任意の選挙区（県）j の定数配分 (a_j) はその人口 (P_j) に総人口分の総定数 (H/P) を乗じた形

$$a_j=(H/P)\cdot P_j$$

となり，厳密な比例配分が主張される。

　しかし，総人口 P に比べてそれほど大きくはない総定数 H を持って，議員定数 a_j を各県の人口 P_j に厳密に比例配分するというのは，端数が生じないという，まず起こりえないようなケースを除き，現実には不可能であり，各選挙区への定数配分として，比例"近似"の整数値[4]を求めることになる。

---

[4] 自然数（正の整数）とは書かなかった。もちろん負はありえないわけだが，0 の取り扱いがこの後問題になる。

2. 最大剰余方式

各州（県）の人口割合 $\left(\frac{P_1}{P}, \cdots, \frac{P_j}{P}, \cdots, \frac{P_K}{P}\right)$ と
各州（県）の定数配分割合 $\left(\frac{a_1}{H}, \cdots, \frac{a_j}{H}, \cdots, \frac{a_K}{H}\right)$ の
距離の最小化は最大剰余方式を導く。
　　　　　　　　　　　Birkhoff（1976）

最大剰余方式
Hamilton 方式

最大剰余方式は
人口パラドックスや
アラバマパラドックスを
引き起こす
　　Balinski and Young（1982，邦訳 1987）

最大剰余方式による定数配分は
均等区割をしても
区割後は
選挙区の人口割合と
選挙区の定数配分割合の
距離の最小化を保証しない
　　　　　　　　　　　和田（2017）

イラスト出典：https://www.irasutoya.com/p/faq.html

2.1 端数の処理

　決められた総定数を，できるだけ各県の人口に比例するように配分することを考えよう。厳密な比例配分である真の取り分の，整数部分を各県に与えた後で，総定数のうち，整数部分の配分のために使った残りの数を，真の取り分の小数点以下が大きい県から順番に配分していくというのは，端数の自然な処理方法であり，「最大剰余方式（Largest Remainder Method，Hamilton 方式，Vinton 方式）」と呼ばれる定数配分方法になる。

　1994 年の小選挙区比例代表並立制への選挙制度改革に伴い行われた，1996 年の第 1 回の衆院比例ブロックへの定数配分，減員された 2000 年の第 2 回の衆院選の比例ブロックへの定数再配分，2000 年の国勢調査に基づいて定数是正が行われた，2003 年の第 3 回の衆院選の比例ブロックへの定数配分などにおいて用いられたのが，最大剰余方式である。また，1994 年の選挙制度改革とともに衆院小選挙区における各都道府県への定数配分方法として導入され，2000 年の国勢調査による定数是正でも使われ，2011 年 3 月 23 日に最高裁により憲法違反とされた，"1 人別枠方式" と呼ばれる日本独特の方法は，各県に 1 議席ずつ与えた上で，残りを最大剰余方式で配分するものである[1]。本書では "1 人別枠方式" とは呼ばず，「1＋最大剰余方式」として明確化する。

　最大剰余方式による定数配分は，下記のような手続きによって行われる。

【最大剰余方式】
　配分する総定数を H，総人口を P，j 県の人口を P_j とする。j 県の人口割合は (P_j/P) なので，総定数 H に対する j 県の真の取り分（quota）は

---

[1] 2010 年の国勢調査人口に基づく 0 増 5 減，2015 年の国勢調査 "日本国民の人口" に基づく 0 増 6 減といった定数変更は，安倍晋三（山口 4 区選出）長期政権下にあたるが，神奈川県と大阪府の逆転配分を放置し続けるなど，恣意的としか言いようがないもので，評価するに値しない。ちなみに，2015 年の国勢調査人口（"日本国民の人口" でも）においては，アダムズ方式による定数配分ですら，山口県の定数配分は 3 であり，子どもにもわかる不平等である逆転配分の放置等，安倍晋三（山口 4 区選出）長期政権下に繰り返された糊塗には，定数是正においても悍ましい理由があったものと感じている。

$$q_j = H \times (P_j/P)$$

である。したがって，j 県の真の取り分 q_j の整数部分

$$\lfloor H \times (P_j/P) \rfloor$$

が，まず j 県への配分となる。その合計は，通常総定数 H に達しないので，真の取り分の小数部分

$$H \times (P_j/P) - \lfloor H \times (P_j/P) \rfloor$$

の大きい県から1議席ずつ加え，総合計が総定数 H に達したところで，j 県の定数配分（apportionment）a_j を定める。

最大剰余方式により得られた定数配分 a_j は，各県の真の取り分 ($H \times (P_j/P)$) の座標と，各県の定数配分 (a_j) の座標[2]との"距離"を最小化する[3]。また，それぞれの座標を総定数である H で割ると，各県の人口割合 (P_j/P) と各県の定数割合 (a_j/H) の座標間の"距離"を最小化するとも考えられる。すなわち，与えられた総定数 H のもと，各県の人口割合の座標に一番近い各県の定数割合の座標を選ぶわけだから，比例整数近似解であるとみなすことができよう。

2.2 アラバマパラドックス

各県の真の取り分からの"距離"を最小化するという意味で，各県の真の取り分に近づけた，望ましい定数配分方法であると考えられる最大剰余方式であるが，さまざまなパラドックスを引き起こすことが知られている。

表2-1のような3県への，総定数7の定数配分を考えてみよう。

総定数の7を，990, 954, 580 という3県の人口に比例配分すると，2.746, 2.646, 1.609 といった形で，真の取り分が算出される。ここでは，真の取り分

---

[2] 47都道府県に配分する場合，それぞれ47次元のベクトル，あるいは座標である。
[3] この"距離"は，中学校以来お馴染みのユークリッド距離だけでなく，マンハッタン距離などを含む L^p norm 距離なら何でもよい。Birkoff (1976).

2.2 アラバマパラドックス

表 2-1　総定数 7 の配分

$H=7$		A 県	B 県	C 県	合　計
人　口	P_i	990	954	580	2524
真の取り分	$H\times(P_i/P)$	2.746	2.646	1.609	7.000
整数部分	$\lfloor H\times(P_i/P)\rfloor$	2	2	1	5
小数部分	大きい方から	1	1		2
定数配分		3	3	1	7

の整数部分である 2, 2, 1 を配分した後，残りの 2 議席を小数点以下が大きい A 県と B 県に与えれば，3, 3, 1 という最大剰余方式による定数配分が得られる。

　定められた総定数を，最大剰余方式という定められた配分方法で配るならば，各県への定数配分に政治が介入する余地はないが，0 増 5 減，0 増 6 減といった形で，総定数を弄るとするならば，政治家が操作する余地が生まれる。

　ある県が"身を切る改革"を主張して総定数が 6 になったとしよう。この際，安倍晋三政権下で行われた，0 増 5 減，0 増 6 減というような，都道府県間の逆転配分すら放置した恣意的配分によらずとも，真の取り分に"距離"が最も近い配分を与える最大剰余方式が，パラドクシカルな状況を生じさせうる。

　表 2-2 が総定数 6 を同じ 3 県に最大剰余方式で配った結果である。ご覧いただければわかるように，総定数を減らしたのにもかかわらず，C 県の定数配分が増えているのである。C 県が声高に"身を切る改革"を主張するであろうことは想像に難くない。

　このパラドックスは『総定数を増やすと定数配分が減る県が出る』，あるいは，『総定数を減らすと定数配分が増える県が出る』，という事態を指し，1881 年のアメリカの下院に対する定数配分を行った際に，アラバマ州に関して生じたことにちなんで，アラバマパラドックスと呼ばれる[4]。

　アラバマパラドックスはかなり頻繁に起こりうるもので，1994 年の選挙制度改革の際に使われた，1990 年の国勢調査人口でも，その際に使われた，小選挙区 300 と比例区 200 の合計である総定数 500 周辺で生じていた。総定数を 498, 499, 500, 501, 502 と変化させ，そのすべてを最大剰余方式で配分すると，

4　詳細な歴史に関しては Balinski and Young（1982, p. 82, 邦訳 1987, p. 52）参照。

表 2-2　総定数 6 の配分

$H=6$		A 県	B 県	C 県	合　計
人口	P_i	990	954	580	2524
真の取り分	$H\times(P_i/P)$	2.353	2.268	1.379	6.000
整数部分	$\lfloor H\times(P_i/P)\rfloor$	2	2	1	5
小数部分	大きい方から			1	1
定数配分		2	2	2	6

それに応じて鳥取県の定数配分が 3, 2, 3, 2, 3 と変化する．1991 年 4 月 30 日の『読売新聞』によると，自民案の中に総定数 500 があり，民社案が総定数 501 となっていたが，もし最大剰余方式ですべての定数を配分することになっていたら，鳥取県において民社案がふくろだたきにあっていたことは想像に難くない[5]．実際，アメリカでは，1901 年にアラバマパラドックスが再発見されて以降，最大剰余方式採用の実績はない[6]．

2.3　人口パラドックス

アラバマパラドックスは，総定数を固定してしまえば目に付かないものかもしれないが，最大剰余方式を使うと，定数再配分の際に必然的に目の前に突きつけられうるパラドックスが，人口パラドックスである．

Balinski and Young（1982, p. 42, 邦訳 1987, p. 58）は，『人口増加率の高い州から人口増加率の低い州に定数を譲らせる』パラドックスとして紹介しているが，実は，最大剰余方式は『人口増加県から人口減少県に定数を移す』可能性さえあるのである．

表 2-1 の 3 県の人口が 10 年後に表 2-3 のようになったとしよう．同じ総定数 7 を最大剰余方式で配分すると，A 県，B 県，C 県の定数は，それぞれ 3, 2, 2 となる．ここで注意して欲しいのは，この 10 年間に，B 県の人口は増加し，C 県の人口は減少しているということである．B 県は人口が増加し，C 県は人口が減少しているのにもかかわらず，同じ最大剰余方式のもと，B 県は定数配分が減らされ，C 県は定数配分が増やされるのである．

5　和田（1991）．
6　詳細な歴史に関しては Balinski and Young（1982, 邦訳 1987, 第 5 章）．

2.3 人口パラドックス

表2-3 10年後の人口

$H=6$		A県	B県	C県	合　計
人口	P_i	1212	960	570	2742
真の取り分	$H\times(P_i/P)$	3.094	2.451	1.455	7.000
整数部分	$\lfloor H\times(P_i/P)\rfloor$	3	2	1	6
小数部分	大きい方から			1	1
定数配分		3	2	2	7

　最大剰余方式が引き起こす，このパラドックスも頻繁に観察される。Balinski and Young（1982, p.42, 邦訳1987, p.58）は，1900年と1910年の国勢調査データを使って，アメリカ下院の定数配分における『人口増加率の高い州から人口増加率の低い州に定数を譲らせる』パラドックスを紹介しているが，日本においては『人口増加県から人口減少県に定数を移す』パラドックスすら紹介することができる。しかもそれは，1994年の選挙制度改革の際に使われた小選挙区総定数300と，配分の基準に使われた1990年の国勢調査人口に関わるものである。1985年の国勢調査人口と1990年の国勢調査人口の双方に対して，最大剰余方式を適用すると，この間に，日本全体の人口の増加率にはとどかないものの，多少なりとも人口の増加した熊本県や香川県の定数配分が減らされるのに，人口の減少した鳥取県の定数配分が増えるのである。総定数を変化させるアラバマパラドックスと違い，人口の変動による定数の増減は必ず表面化するので，このような人口パラドックスを引き起こす最大剰余方式による定数配分が，政治的に耐えられることはないものと思われる[7]。

---

[7] 和田（1991）。なお，Balinski and Young（1982, p.43, 邦訳1987, p.59）は，アラバマパラドックス，人口パラドックス以外に，1907年のオクラホマの州昇格に伴う，適切な定数追加配分（5, 総定数386→391）が，新州の定数配分を合わせた総定数の最大剰余方式による再配分によって他州の配分にも影響を及ぼす例を，新州パラドックスとして紹介している。日本における同等の事例は，奄美群島の返還に伴う奄美群島選挙区（定数1, 1953年）の設置（総定数466→467）や，1972年の沖縄復帰に伴う1970年11月15日執行の沖縄県への定数配分5（総定数486→491）であろう。1970年10月1日の国勢調査人口によると，総定数491に対する沖縄の真の取り分は4.434であり，最大剰余方式や，主要な方式での配分では4となるが，アダムズ方式では5になるので，沖縄に関しては"ほぼ"適正な配分としてもよいのかもしれない。ただし，日本においては総定数の再配分の問題が真剣に議論された形跡はなく，この当時の田中角栄（新潟3区選出）内閣は，人口2,360,982人，真の取り分11.076の新潟県に定数15を与えたままに，人口5,432,347人，真の取り分25.671の神奈川県の定数配分を14に止めたままにするなど，著しい一票の不平等すら放置した。このことが1972年12月10日の第33回衆議院総選挙における当日有権者数の一票の較差1：4.99に対する1976年4月14日の最高裁からの初の違憲判決を招く。

2.4 均等区割パラドックス（非一貫性パラドックス）

　最大剰余方式は，わかりやすいだけでなく，それによる各県への定数配分が，各県の真の取り分から最も"近い"という特質を持っていた。しかし，人々が実際に投票を行う選挙区レベルに目を向けると，各県の真の取り分から各県の定数配分への（ユークリッド距離をはじめとする）L^p norm[8] を最小化するという特質は，声高に推挙できるようなものではないことがわかる。

　表2-1のような人口を持つ3つの県に，総定数7を配分することを考えてみよう。表2-4では，表2-1で算出した最大剰余方式による定数配分である甲案と，適当に定めた定数配分である乙案を示してある。

　表2-4の真の取り分から各定数配分へのユーグリッド距離は下記のように計算される。

　　　各県の真の取り分から定数配分甲案へのユークリッド距離
　　　$\sqrt{(3-2.746)^2+(3-2.646)^2+(1-1.609)^2}=0.749$
　　　各県の真の取り分から定数配分乙案へのユークリッド距離
　　　$\sqrt{(3-2.746)^2+(2-2.646)^2+(2-1.609)^2}=0.797$

　確かに，各県への定数配分を最大剰余方式で求めた甲案は，別に定めた乙案より，各県の真の取り分から定数配分への距離が近い。しかし，表2-5，表2-6のように，それぞれの案が与えた定数配分で各県を均等区割し，各選挙区の真の取り分から各案が与えた定数（1）へのユークリッド距離を求めると，乙案の距離の方が近いことがわかる。最大剰余方式が与える県への定数配分は，県への定数配分が県の真の取り分に近いだけであって，実際に使われる選挙区単位で考えると，たとえそれが均等区割であったとしても，各選挙区の真の取り分から"遠い"ことがあるわけである。県への配分段階においてのみ，真の取り分から"近い"と主張する最大剰余方式の特質は，均等区割段階で引き起こす均等区割パラドックス（非一貫性パラドックス）を前にしては，その優位

8　L^p norm は一般に $\sum_{j}^{K}\left|a_j-\dfrac{P_j}{P}H\right|^p\right)^{1/p}$ と表される。$p=2$ のとき，一般的な距離（ユーグリット距離）となり，$p=1$ のとき，格子状の道路を走る道のりとなり，マンハッタン距離とも呼ばれる。

2.4 均等区割パラドックス（非一貫性パラドックス）

表 2-4　総定数 7 の配分（最大剰余方式による甲案と適当に定めた乙案）

$H=7$		A県	B県	C県	合計
人口	P_i	990	954	580	2524
真の取り分	$H\times(P_i/P)$	2.746	2.646	1.609	7.000
定数配分甲案		3	3	1	7
定数配分乙案		3	2	2	7

表 2-5　甲案均等区割

$H=7$		A県 1区	A県 2区	A県 3区	B県 1区	B県 2区	B県 3区	C県	合計
人口	P_i	330	330	330	318	318	318	580	2524
真の取り分	$H\times(P_i/P)$	0.915	0.915	0.915	0.882	0.882	0.882	1.609	7.000
定数配分甲案		1	1	1	1	1	1	1	7

表 2-6　乙案均等区割

$H=7$		A県 1区	A県 2区	A県 3区	B県 1区	B県 2区	C県 1区	C県 2区	合計
人口	P_i	330	330	330	477	477	290	290	2524
真の取り分	$H\times(P_i/P)$	0.915	0.915	0.915	1.323	1.323	0.804	0.804	7.000
定数配分乙案		1	1	1	1	1	1	1	7

性を主張できないであろう。最大剰余方式が，より人々に近い選挙区レベルでの「各個人の投票価値の平等」に近似しているとはいえないからである。

定数配分甲案の各選挙区の真の取り分からのユークリッド距離
$$\sqrt{3\times(1-0.915)^2+3\times(1-0.882)^2+1\times(1-1.609)^2}=0.659$$
定数配分乙案の各選挙区の真の取り分からのユークリッド距離
$$\sqrt{3\times(1-0.915)^2+2\times(1-1.323)^2+2\times(1-0.804)^2}=0.554$$

3. 除数方式

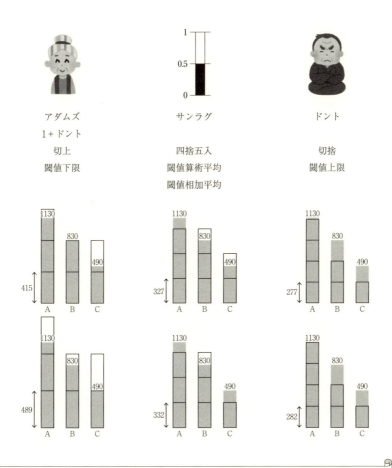

除数方式は，人口パラドックスやアラバマパラドックスを引き起こさない。人口パラドックスを引き起こさない配分方式は除数方式のみである。
　　　　　　　　　　　　Balinski and Young (1982, 邦訳 1987)

イラスト出典：https://www.irasutoya.com/p/faq.html

3.1 除数方式とは

　比例代表制における各党への議席配分や，各州（県）への定数配分を行う方法である．除数方式をきちんと定義すると，下記のようになる．

【除数方式（比例代表制における各党への議席配分の場合）】
　（配分すべき総定数になるように）基準となる<u>票数</u>を除数として適切に定め，<u>各党の得票</u>を除した商を，さまざまな方式ごとに定められたルールに基づいて整数に丸め，<u>各党の議席配分</u>とする方法を，除数方式という．

【除数方式（各州への議員定数配分の場合）】
　（配分すべき総定数になるように）基準となる<u>人口</u>を除数として適切に定め，<u>各州の人口</u>を除した商を，さまざまな方式ごとに定められたルールに基づいて整数に丸め，<u>各州の定数配分</u>とする方法を，除数方式という．

　除数方式の表現は難しいが，比例代表制において，各党の得票に応じて議席配分するのにも，選挙区制において，各州（県）の人口に応じて定数配分するのにも，現実に使われている．
　衆議院選挙の各比例ブロックや，参議院選挙の比例区で，各政党への議席配分に使われているドント方式，衆議院小選挙区の各県への定数配分や，各比例ブロックへの定数配分にまでも使われることになってしまっているアダムズ方式，北欧やニュージーランドの比例代表制における各政党への議席配分で使われているサンラグ方式などは，すべて除数方式である[1]．
　Balinski and Young（1982）が証明[2]しているように，<u>除数方式は人口パラドックスを引き起こさず，人口パラドックスを引き起こさない議席配分方法，議</u>

---
[1] 比例代表制におけるサンラグ方式は，第8章で触れる voting power の問題もあり，あまりに小さな政党に議席を与えないために一部修正された形で使用されることも多い．また，若干難しいが，第4章で示す現行のアメリカ下院の定数配分方式も除数方式である．これ以外にも多くの除数方式が第4章，第7章で紹介される．
[2] Balinski and Young（1982），補論A 定理4.3（p. 117）．

員定数配分方法は，除数方式のみである。また，除数方式は，アラバマパラドックスも引き起こさない[3]。然るに，定数（議席）配分を求める方法は，除数方式の枠内に制約されてくるとしてよい。というよりは，手を替え品を替え，恣意的な配分を持ち込もうとする現職政治家の動き[4]を封じるためにも，議席配分方法，定数配分方法探索の領域は，除数方式の外に出してはいけないとすべきであろう。

　Balinski and Young（1982，邦訳 1987）が邦訳序文において追記しているように，「第1回目の国勢調査が1791年に行われた直後に，大物政治家たちによって厳密な配分方式が提案された。配分公式そのものは幾度か変化したが，そのとき以来，議席配分を計算公式に基づいて行うということが合衆国においては規範になった。さまざまな配分公式に対する賛否の激しい議論は，国勢調査のたびごとに繰り返され，これらの議論の中から普遍的な適用をみる原則が苦心の末に作り上げられた。」

　同書も，アメリカの定数配分の歴史に沿った形で各種除数方式の説明が成されていくが，日本政治にはそのような誇るべき歴史もなく，また，アカデミズムにおいても，Thomas Jefferson の提案に相当するものが比例代表のドント方式として，Daniel Webster の提案が比例代表の奇数方式（サンラグ方式）として紹介されてきた歴史もある[5]ので，以下ではわかりやすさを軸に各種除数方式の説明を行っていきたい。

3　第2章脚注7で紹介した新州パラドックスと呼ばれるパラドックスも引き起こさない（Balinski and Young（1982，第8章，原著p. 70，邦訳1987，p. 95）。

4　2010年の国勢調査の結果を蔑ろにし，果ては2015年の国勢調査では，アダムズ方式ですら定数3であった山口県衆院小選挙区の配分4を，0増5減，0増6減などの，府県間の逆転配分すら無視した糊塗を繰り返すことにより守り切った安倍晋三氏（山口4区選出），さまざまな基準（堀田・根本・和田（2019）を参照されたい）からしても，参院において石川県・福井県の合区まで行い，せめて較差1：3未満にしなければならなかったのに，この合区すらさせなかったという森喜朗氏（石川2区からは2012年に引退したもののその後も政界において力を発揮），鳥取県・島根県の合区は免れなかったものの，徳島県・高知県とともに参院比例区に特定枠なるものを設置した細田博之氏（島根1区選出）等，枚挙に暇がない。

5　日本における奇数方式としての導入の状況に関しては和田（1991）。

3.2 ドント方式〜除数切捨方式，除数閾値上限方式

　ドント方式は，1878年にVictor D'Hondtが比例代表制における各政党への議席配分用に提案し，現在でも，日本の衆参両院をはじめ，数多くの比例代表制で使われ，ドント方式として名を残している．実際のところ，1791年に，後のアメリカ大統領Thomas Jeffersonにより，各州への定数配分用に提案された方が歴史的に古く，1792年にアメリカ下院の定数配分で採用された歴史もあるので，定数配分の場合にはJefferson方式と呼ばれることも多い[6]．ただし，日本での使用は比例代表制における議席配分である．

　ドント方式は，「各党の得票数を一，二，三と順に整数で割っていき，答え（商）の大きな順に議席を割り当てる」(『朝日新聞』1996年10月2日)，「政党の得票数を，1, 2, 3…と整数で順に割り，割った数字（商）を比較して，商の大きい順に定数まで当選者を配分する」(『読売新聞』2003年11月10日)，「各党の得票をそれぞれ1, 2, 3…と順に整数で割り算し商の大きい順に定数に達するまで議席を配分していく仕組み」(『毎日新聞』2011年10月20日)といった形で説明されるが，なぜそれが比例なのかを理解するためには，補助券方式の福引，あるいはスタンプ方式の景品といったように考えるのがよい．

　福引補助券が37枚集まっていたときに3回福引（基準となる補助券10枚（除数）で1回福引）ができ，余る補助券7枚は無駄になるということはよくある．スタンプ23個で景品が1個（基準となるスタンプ20個（除数）で景品1個）もらえ，余る3個のスタンプは無駄といったような場合もそうである．前者は得票10票に1人ずつの代表，後者は人口20人に1人ずつの代表といった比例制である．これがドント方式，除数切捨方式である．

　福引補助券の場合には10枚，景品スタンプの場合は20個という基準となる数（除数）を定めたわけだが，基準となる数（除数）で割った商の切捨数の合計が，必要となる福引の総数，あるいは景品の総数となり，それはお客さんが集めた福引補助券の数あるいはスタンプの数の分布によって変動する．

---

[6] Balinski and Young (1982，邦訳1987，第3章) が，1792年の議席配分に関する歴史を描いている．

3. 除数方式

表3-1 ドント方式

	A州		B州		C州		合計
人口	1130		830		490		2450
	商	順	商	順	商	順	
÷1	1130.0	1	830.0	2	490.0	4	
÷2	565.0	3	415.0	5	245.0		
÷3	376.7	6	_276.7_	_8_	163.3		
÷4	**282.5**	**7**	207.5		122.5		
配分		4		2		1	7

　福引の総数あるいは景品の総数があらかじめ定められていて，それをきちんと配り切らなければいけない場合，基準となる数（除数）を調整する必要がある[7]。この，配分すべき総定数にあわせて，基準となりうる数（除数）を求める手法が，新聞各紙が紹介する1, 2, 3, …, で割るというテクニックなのである。

　今，人口1130人のA州，人口830人のB州，人口490人のC州に，総定数7を配分する例を考えよう（表3-1を参照されたい）。新聞各紙の説明に従うならば，各州の人口を1, 2, 3, 4といった整数で割った商が準備される。商の大きさの順に1, 2, 3, 4, 5, 6, _7_ (, _8_) と番号を振っていき，振られた番号の個数の合計に応じて各州の配分を定めるというのが新聞各紙の説明であるが，なぜこのやり方で比例配分といえる配分が得られているのか。

　ここで重要なのはB州の830÷3で算出された _8_ 番目の商である _276.7_ と，A州の1130÷4で算出された _7_ 番目の商である **282.5** である。基準の数（除数）として使いうる候補は，ここで算出された商の方が示しており，丸められ，定数配分の元になる商は，ここで使用した割る数（除数）として並ぶ整数が土台となるのである。

　今，_8_ 番目の商として算出されてきた，_276.7_ より小さい数，例えば276を基準の数（除数）としてみよう。A州の人口1130は4で割って282.5である

---

[7] 第2章で扱った最大剰余方式は，総人口Pを総定数Hで割った議員1人当たりの人口(P/H)を固定された除数として，各県の人口P_iを割って商（真の取り分 $P_i \div (P/H) = H \times (P_i/P)$ になる）を出し，商の小数点以下の端数を適宜切り上げて総定数Hに合わせると考えられるが，第2章で示したようにさまざまなパラドックスを生む。

3.2 ドント方式〜除数切捨方式，除数閾値上限方式

表 3-2 除数切捨方式（ドント方式）

	A 州		B 州		C 州		合計
人口	1130		830		490		2450
除数	商	配分	商	配分	商	配分	配分合計
÷276	4.094	4	3.007	3	1.775	1	8
÷277	4.079	4	2.996	2	1.769	1	7
⋮	⋮	⋮	⋮	⋮	⋮	⋮	⋮
÷282	4.007	4	2.943	2	1.738	1	7
÷283	3.993	3	2.933	2	1.731	1	6

のだから，282.5 より小さい除数（基準の数）である 276 で割れば，その商は 4 以上になる。B 州も 830÷3＝276.7 で得られた数より小さな 276 で割るのだから，その商は 3 以上になる。C 州の人口 490 を 276 で割った商も明らかに 1 以上である。すなわち，A 州は 276 という基準数を 4 つ以上持つので定数配分 4，B 州は 3 つ以上持つので定数配分 3，C 州も 1 つ以上持つので定数配分 1 を確保することになり，その合計は 7 を超え，8 になってしまい，総定数の配分に失敗するのである。

ここで _8_ 番目の商 _276.7_ より少し大きな数，277 を基準の数（除数）に選んでみよう。B 州の人口 830 を少し大きな数で割るわけだから，その商は 3 を切る。したがって配られるべき福引の数，定数配分は 2 になるので，表 3-2 にあるように，配分総計が 7 に収まることになる。

基準の数（除数）をどんどん大きくしていって，**7** 番目の商 **282.5** を超えて 283 を除数に選んでしまうと，A 州の商が 4 を切ってしまい，配分総計が 6 になってしまう。したがって，この _8_ 番目の商と **7** 番目の商の間の数である，277 から 282 を基準人口（除数）に選び，各州人口を割った商の小数以下切捨数（端数切捨数）を各州の定数配分として与えると，総定数 7 が基準人口（除数）に応じて配分されることになる。

すなわち，表 3-2 が示すように，ドント方式は，（配分すべき総定数になるように）基準となる人口（票）を除数として適切に（この場合，277 から 282 に）定め，各州（各党）の人口（得票）を除した商を，切り捨てることによって整数に丸め，各州（各党）の定数（議席）配分とする除数方式，除数切捨方式なのである。

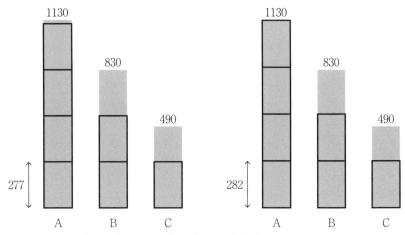

図 3-1　除数切捨方式（ドント方式）で使いうる除数（277〜282）

図 3-1 でもう一度確認しておこう。各州の人口である 1130, 830, 490 の棒グラフを描く。今準備した小さい方の除数である 277 を使うと，A 州が 4 つの塊を作れ，B 州が 2 つの塊しか作れず，C 州が 1 つの塊を作れて，総定数 7 が，A 州に 4, B 州に 2, C 州に 1 配られることになる。大きい方の除数 282 を使うと，A 州がギリギリ 4 つの塊を作ることができ，B 州の 2, C 州の 1 と合わせて総定数 7 を配りきることになる。

図 3-2 にあるように，*276.7* より小さい除数である 276 を使うと，A 州が 4 つの塊を作れ，B 州がギリギリ 3 つの塊を作れるようになり，C 州が 1 つの塊を作れて，合計が 8 となり，与えられた総定数 7 を超える。また **282.5** より大きい方の除数 283 を使うと，A 州が 3 つの塊しか作ることができず，B 州の 2, C 州の 1 と合わせても合計が 6 で総定数 7 に足りないことになる。

福引の補助券や景品スタンプの端数，あるいは，しばしば小党分立，さらには小党の不相応に強い voting power が嫌われる[8]比例代表制ならともかく，選

8　例えば，総定数 101 議席の議会で，A 党が 50 議席，B 党が 50 議席，C 党が 1 議席を持つとき，過半数を得るためには {A, B}, {B, C}, {C, A}, {A, B, C} のいずれかの提携が必要であり，C 党の 1 議席の背後にいる少数の有権者が，A 党や B 党の 50 議席の背後にいる多数の有権者それぞれと，同じだけの力を政策形成において持つことになり，著しい一票の不平等とも言える。the tail wagging the dog，尻尾が犬を振るの状態である。

3.3 アダムズ方式〜除数切上方式，除数閾値下限方式　　　　　　　　31

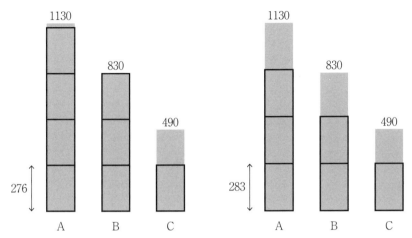

図 3-2　除数切捨方式（ドント方式）で使えない除数

挙区制において各州（県）に対する定数配分にドント方式を使う場合，黒枠からはみ出た棒グラフの部分が，代表されていない人々として問題になる。また，人口の少ない州（県）のみに注目するならば，その割合はその州（県）全体からしてかなり大きな割合となる可能性もある。

3.3　アダムズ方式〜除数切上方式，除数閾値下限方式

1人別枠方式（1＋最大剰余方式）への違憲判決[9]対応で登場したのが，アダムズ方式である。アダムズ方式は（1＋ドント方式）ともとらえられる[10]ので，1人別枠方式の変形のようにも思われるが，その考え方は大きく異なる。

前節と同じ数値例を使うならば，アダムズ方式は，福引補助券が37枚集まっていたときに，おまけして4回福引を引かせてあげよう（基準となる補助券10枚（除数）×3で3回，端数の7枚でもう1回）という方式である。スタン

9　2011年（平成23年）3月23日最高裁判決。
10　2015年（平成27年）2月9日第5回衆議院選挙制度に関する調査委員会議事概要。https://www.shugiin.go.jp/internet/itdb_annai.nsf/html/statics/shiryo/senkyoseido_05.html （2024年8月11日確認）。

プ 23 個で景品が 2 個（基準となるスタンプ 20 個（除数）で景品 1 個，端数のスタンプ 3 個で景品もう 1 個）というのは閉店大盤振る舞いかもしれない。いずれにせよ，これがアダムズ方式，除数切上方式である。

前節で，定数配分においてドント方式を使うと，一部の人々が全く代表されないという問題があり，特に人口の少ない州に注目するとそれが大きな割合であるということを指摘したわけだが，アダムズ方式は，少しでも人口があれば代表が確保されてしまうことになる。そして，特に人口の少ない州に注目すると，代表を支えるべき人々がいない割合が大きいということも生じるのである。

比例代表制の場合，得票があれば議席が確保できてしまうので，立候補すればその候補者自身の票で 1 議席が確保されることになる。したがって，比例代表制における採用はありえないが，定数配分においては，アメリカ第 6 代大統領（1825-1829）を務めた John Quincy Adams（1767-1848）の 1832 年 2 月 28 日付けの Daniel Webster への書簡[11]に書かれた提案があり，それにちなんで，アダムズ方式と呼ばれる[12]。そしてこの方式は，2020 年の国勢調査に基づく，各県への衆院小選挙区定数再配分[13]のみならず，現在までシンプルな最大剰余方式がとられていた，各比例ブロックへの定数再配分にまで使われることになっている[14]。

アダムズ方式においては，人が 1 人でも住んでいれば 1 議席が与えられる。したがって，まず端数分として 1 議席を先に与えたうえで，基準となる数に相当する塊がいくつ取れるかに応じて追加議席を与えると考えることができる。すなわち（1＋ドント）方式である。以下で（1＋ドント）方式が除数切上方式

11　https://www.archives.gov/nhprc/projects/catalog/daniel-webster（2024 年 8 月 11 日確認）。

12　Balinski and Young（1982，邦訳 1987，第 4 章）が，Adams の発案はニューイングランド地方の人口の相対的比率の減少に伴うことを描いている。Adams がニューイングランド地方の中核州であるマサチューセッツ州を地盤にしていることにも注意しておきたい。

13　アダムズ方式は人口の少ない県に有利な配分方法であるのにもかかわらず，細田博之衆議院議長（島根 1 区選出），安倍晋三元首相（山口 4 区選出）をはじめ，一旦国会で決めたそのような配分方法すら崩そうとする動きがあり，同じ自民党の伊吹文明元衆院議長（京都 1 区選出）などからの批判もあった（『朝日新聞』2022 年 4 月 15 日）。ちなみに，山口の定数配分は 2015 年の国勢調査以降，人口の少ない県に有利なアダムズ方式でも定数 3 となる。

14　この後説明するように，恣意的に定められた比例ブロックへのアダムズ方式使用は特に問題が大きい。

3.3 アダムズ方式〜除数切上方式，除数閾値下限方式

表3-3 アダムズ方式（1＋ドント方式）

	A州		B州		C州		合計
人口	1130		830		490		2450
	商	順	商	順	商	順	
÷0	∞	1	∞	2	∞	3	
÷1	1130.0	4	830.0	5	_490.0_	_7_	
÷2	565.0	6	**415.0**	**8**	245.0		
÷3	376.7		276.7		163.3		
配分		3		2		2	7

になることを確認しておこう。

最初の1議席分を別枠と考えることもできるが，ここでは仮に，0，1，2，3，4と割っていくと考えて，前節と同等の表を作ってみる（表3-3）。0で割った場合の商が無限大に発散すると考えれば，最初の1議席分が確保される[15]。

ここで重要なのは 490÷1＝490.0 で算出された _7_ 番目の商である _490.0_ と，830÷2＝415.0 で算出された **8** 番目の商である **415.0** である。基準の数（除数）として使いうる候補は，ここで算出された商の方が示しており，丸められ，定数配分の元になる商は，ここで使用した割る数（除数）として並ぶ整数が土台となる。

今，_7_ 番目の商として算出されてきた，490を基準の数（除数）としてみよう。A州の人口 1130 は2で割って 565 あるのだから，565より小さい除数（基準の数）である 490 で割れば，その商は2を超える。B州の人口は 830÷1＝830 で得られた数より小さな 490 で割るのだから，その商は1を超える。C州の人口 490 を 490 で割った商はちょうど1である。すなわち，A州は 490 という基準数を2つより多く持つので定数配分3，B州は1つより多く持つので定数配分2，C州はちょうど1つ持つので定数配分1を確保することになり，表3-4が示すように，その合計は6となり，7に届かず，総定数の配分に失敗するのである。

ここで _7_ 番目の商 490 より少し小さい数，489 を基準の数（除数）に選んでみよう。C州の人口 490 を少し小さな数で割るわけだから，その商は1を超え

---
15 割られる数の大小に応じて 1〜3 の順番を付けた。

表 3-4　除数切上方式（アダムズ方式）

	A 州		B 州		C 州		合計
人口	1130		830		490		2450
除数	商	配分	商	配分	商	配分	配分合計
÷414	2.729	3	2.005	3	1.184	2	8
÷415	2.723	3	2.000	2	1.181	2	7
⋮	⋮	⋮	⋮	⋮	⋮	⋮	⋮
÷489	2.311	3	1.697	2	1.002	2	7
÷490	2.306	3	1.694	2	1.000	1	6

る．したがって配られるべき福引の数，定数配分は 2 になるので，表 3-4 にあるように，配分総計が 7 に届くことになる．

　基準の数（除数）をどんどん小さくしていって，8 番目の商 415 を超えて 414 を選んでしまうと，表 3-4 にあるように B 州の商が 2 を超えてしまい，その配分数が切り上げられて 3 になることより，配分総計が 8 になってしまう．したがって，この 8 番目の商と 7 番目の商の間の数である，415 から 489 あたりを基準人口（除数）に選び，各州人口を割った商の小数以下切上数（端数切上数）を各州の定数配分として与えると，総定数 7 が基準人口（除数）に応じて配分されることになる．

　すなわち，表 3-4 が示すように，アダムズ方式は（配分すべき総定数になるように）基準となる人口（票）を除数として適切に（この場合，415 から 489 に）定め，各州（各党）の人口（得票）を除した商を，切り上げることによって整数に丸め，各州（各党）の定数（議席）配分とする除数方式，除数切上方式なのである．

　図 3-3 でもう一度確認しておこう．各州の人口である 1130, 830, 490 の棒グラフを描く．今準備した一番小さい除数である 415 を使うと，A 州が 3 つの塊を作れ，B 州がぴったり 2 つの塊しか作れず，C 州が 2 つの塊を作れて，総定数 7 が，A 州に 3，B 州に 2，C 州に 2 配られることになる．一番大きい除数 489 を使うと，A 州が 3 つの塊を作ることができ，B 州の 2，C 州のぎりぎり切上の 2 と合わせて総定数 7 を配りきることになる．

　図 3-4 にあるように，415 より小さい除数である 414 を使うと，A 州が 3 つの塊を作れ，B 州が 3 つの塊を作れるようになり，C 州が 2 つの塊を作れて，

3.3 アダムズ方式〜除数切上方式,除数閾値下限方式

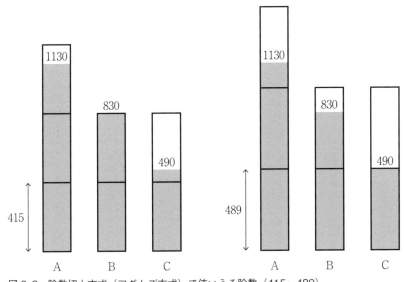

図 3-3 除数切上方式（アダムズ方式）で使いうる除数（415〜489）

合計が8となり，与えられた総定数7を超える。また489より大きい方の除数490を使うと，A州が3つの塊を作れ，B州が2つの塊を作れるが，C州が1つしか作れず，合計が6で総定数7に足りないことになる。

　今度はドント方式と逆の問題が生じていることが目につくと思われる。棒グラフをはるかに超えた黒枠は，代表する人々がほとんどいない政治家である。まさしく，土地のみが存在し，代表されるべき人間がいない腐敗選挙区（rotten borough）を生む定数配分といってよいのかもしれない。しかも，人口の少ない州（県）においては，その割合が州（県）全体の人口からしてかなり大きな割合となる可能性もあるのである。

　ドント方式（Jefferson方式，除数切捨方式）も，アダムズ方式（除数切上方式）も，それぞれに適切な除数を使って人口（得票）を割り，商を算出するところまでは一緒である[16]。違いは，整数への丸め方であり，アダムズ方式は，

---

[16] ちなみに Hungtington（1928）等に引きずられてか，ドント方式（Jefferson方式）のことを Method of Greatest Divisors（最大除数方式），アダムズ方式のことを Method of Smallest Divisors（最小除数方式）と呼ぶことがあるが，この呼び方は止めた方がよい。ここで示した例からも明ら

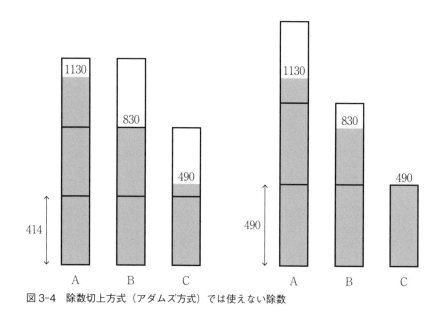

図 3-4　除数切上方式（アダムズ方式）では使えない除数

商が閾値たる下限の整数を超えると，次の整数を定数（議席）配分として得ることができるのに対して，ドント方式は，商が閾値たる上限の整数に達しないと，その整数が得られないというのが違いとなる。

切捨，切上とくれば，当然四捨五入を思いつく。閾値を，下限の整数と上限の整数を足して 2 で割った相加（算術）平均とし，その閾値以上の商を取った場合は切上，その閾値に達しなかった場合は切捨を行い，代表を持てない人々（黒枠から飛び出した棒グラフ）と，代表する人々が足りない政治家（棒グラフにより満たされない黒枠）の双方を塩梅よく整えようとする試みである。

かなように，ドント方式が使う基準人口（票）たる除数（divisor）は，アダムズ方式が使う除数より小さくなることが明らかである。（もちろん，除数（divisor）が小さいわけだから，割られた結果である，端数が処理される前の商（quotient）はドント方式の方がアダムズ方式より大きくなる。）

3.4 サンラグ方式〜除数四捨五入方式，除数閾値相加（算術）平均方式

基準となる人口（得票）が丸々あって，初めてその分の定数（議席）を与えるというドント方式と，基準となる人口（得票）を少しでも超えていれば，超えた分にも定数（議席）を与えるというアダムズ方式を紹介してきた。数学的に書くならば，ドント方式は，基準となる人口（得票）である除数で割った商が上の整数である上限の閾値にきちんと達していなければ，その整数値を定数として与えず切捨値に止める。アダムズ方式は，除数で割った商が下の整数である下限の閾値を少しでも超えていれば切り上げて次の整数値を定数として与える，ということになる。

俗に言えば，切捨のドントと，切上のアダムズということになろう。切捨と切上があるなら，次に想像されるのは四捨五入である。基準となる人口（得票）の半分に達しなければその分は切捨，半分以上になればその分は切上，というわけである。数学的に言えば，上限たる上の整数と，下限たる下の整数を足して2で割った相加（算術）平均を閾値として，商がそれ未満ならば下の整数値を定数として与え，それ以上ならば上の整数値を定数として与えるというわけである。すなわち，除数四捨五入方式，あるいは除数閾値相加（算術）平均方式と呼べるのが，サンラグ方式である。ちなみに上限たる上の整数まできちんとなければいけないドント方式は，除数閾値上限方式，下限たる下の整数を少しでも超えればいいアダムズ方式は，除数閾値下限方式というように，端数を丸めるための区切りである閾値という観点から統一的に整理することができよう。

除数四捨五入方式，あるいは，除数閾値相加（算術）平均方式と呼べるサンラグ方式であるが，実は1832年4月5日のDaniel Webster[17]のアメリカ上院における下院議員定数に関する報告[18]の方が的確で早く，定数配分方法として

---

[17] Daniel Webster（1782-852）はNew Hampshire選出の下院議員，Massachusetts州選出の下院議員を経てMassachusetts州の上院議員。後に国務長官も務める。

[18] Webster（1832）"Apportionment of Representative"（1832年4月5日付）in Daniel Webster（1903）*The Writings and Speeches of Daniel Webster in eighteen volumes, Vol. 6*．史料はアマゾンなどでも購入可能（https://www.amazon.co.jp/dp/B00GR5JC92/，2024年8月11日確認）。

表 3-5 奇数方式（サンラグ方式）

	A 州		B 州		C 州		合計
人口	1130		830		490		2450
	商	順	商	順	商	順	
÷1	1130.0	1	830.0	2	490.0	3	
÷3	376.7	4	276.7	5	*163.3*	*8*	
÷5	226.0	6	**166.0**	**7**	98.0		
÷7	161.4		118.6		70.0		
配分		3		3		1	7

採用もされているので，定数配分においては Webster 方式と呼ばれることが多い。しかし，日本には，比例代表制における議席配分用に André Sainte-Laguë が 1910 年に提案した奇数方式（ドント方式のように連続した整数で割るのではなく奇数で割っていく方法）として入り込んできた[19]。この手法あるいは一部いじった方法を比例代表制に採用してきた国もあるので，ここで，日本では奇数方式とも呼ばれてきたサンラグ方式が，Webster 方式（除数四捨五入方式，あるいは除数閾値相加（算術）平均方式）であることを確認しておこう。

ドント方式，アダムズ方式と同じ人口例で，同じ総定数 7 を配分する例を採用しよう。各州の人口を 1, 3, 5, 7 といった奇数で割った商の大きさの順に 1, 2, 3, 4, 5, 6, **7** (, *8*) と番号を振っていき，振られた番号の個数の合計に応じて各州の配分を定めたのが表 3-5 である。次に各州の人口を奇数の半分の大きさである 0.5, 1.5, 2.5, 3.5 で割ったものが表 3-6 であるが，商が 2 倍になるだけで商の大きさの順が変わらず，したがって 1, 2, 3, 4, 5, 6, **7** (, *8*) と振られた番号の個数の合計も変わらないことが確認できよう。すなわち，この 2 つの表が行っている作業は完全に同等なのである。

表 3-6 で重要なのは C 州の 490÷1.5 で算出された *8* 番目の商である *326.7* と，B 州の 830÷2.5 で算出された **7** 番目の商である **332.0** である。基準の数（除数）として使いうる候補は，ここで算出された商の方が示しており，四捨五入で丸められ，定数配分の元になる商は，ここで使用した割る数（除数）と

---

19 日本における奇数方式としての紹介の状況に関しては和田 (1991)。

3.4 サンラグ方式〜除数四捨五入方式, 除数閾値相加 (算術) 平均方式

表 3-6 サンラグ方式 (奇数方式) の本質

	A 州		B 州		C 州		合計
人口	1130		830		490		2450
	商	順	商	順	商	順	
÷0.5	2260.0	1	1660.0	2	980.0	3	
÷1.5	753.3	4	553.3	5	*326.7*	*8*	
÷2.5	452.0	6	**332.0**	**7**	196.0		
÷3.5	322.9		237.1		140.0		
配分		3		3		1	7

して並ぶ数が土台となるのである。

　今, 8番目の商として算出された, *326.7* より小さい数, 例えば 326 を基準の数 (除数) としてみよう。A 州の人口 1130 は 2.5 で割って 452.0 であるのだから, 452.0 より小さい除数 (基準の数) である 326 で割れば, その商は 2.5 以上になる。B 州も 830÷2.5＝332.0 で得られた 332.0 より小さな 326 で割るのだから, その商は 2.5 以上になる。C 州の人口 490 を 326 で割った商も明らかに 1.5 以上である。すなわち, A 州は 326 という基準数を 2.5 以上持つので四捨五入して定数配分 3, B 州も 2.5 以上持つので四捨五入して定数配分 3, C 州も 1.5 以上持つので四捨五入して定数配分 2 を確保することになり, その合計は 7 を超え, 8 になってしまい, 総定数の配分に失敗するのである。

　ここで *8* 番目の商 *326.7* より少し大きな数, 327 を基準の数 (除数) に選んでみよう。C 州の人口 490 を少し大きな数で割るわけだから, その商は 1.5 を切る。したがって配られるべき福引の数, 定数配分は 1 になるので, 表 3-7 にあるように, 配分総計が 7 に収まることになる。

　基準の数 (除数) をどんどん大きくしていって, **7** 番目の商 **332.0** を超えて 333 を除数に選んでしまうと, B 州の商が 2.5 を切ってしまい, 配分総計が 6 になってしまう。したがって, この *8* 番目の商と **7** 番目の商の間の数である, 327 から 332 を基準人口 (除数) に選び, 各州人口を割った商の小数以下四捨五入を各州の定数配分として与えると, 総定数 7 が基準人口 (除数) に応じて配分されることになる。

　すなわち, 表 3-7 が示すように, サンラグ方式は, (配分すべき総定数になるように) 基準となる人口 (票) を除数として適切に (この場合, 327 から

表 3-7　除数四捨五入方式（サンラグ方式）

	A州		B州		C州		合計
人口	1130		830		490		2450
除数	商	配分	商	配分	商	配分	配分合計
÷326	3.466	3	2.546	3	1.503	2	8
÷327	3.456	3	2.538	3	1.498	1	7
⋮	⋮	⋮	⋮	⋮	⋮	⋮	⋮
÷332	3.404	3	2.500	3	1.476	1	7
÷333	3.393	3	2.492	2	1.471	1	6

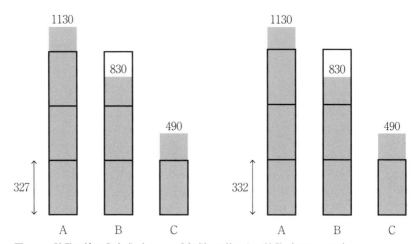

図 3-5　除数四捨五入方式（サンラグ方式）で使いうる除数（327〜332）

332 に）定め，各州（各党）の人口（得票）を除した商を，四捨五入することによって整数に丸め，各州（各党）の定数（議席）配分とする除数方式，除数四捨五入方式（除数閾値相加（算術）平均方式）なのである。

図 3-5 でもう一度確認しておこう。各州の人口である 1130, 830, 490 の棒グラフを描く。今準備した小さい方の除数である 327 を使うと，A 州が 3 つの塊を作れ，B 州も 3 つの塊が作れ，C 州が 1 つの塊を作れて，総定数 7 が，A 州に 3，B 州に 3，C 州に 1 配られることになる。大きい方の除数 332 を使っても，A 州が 3 つの塊を作ることができ，B 州の 3，C 州の 1 と合わせて総定数 7 を配りきることになる。

3.5 統合と分裂　　　　　　　　　　　　　　　41

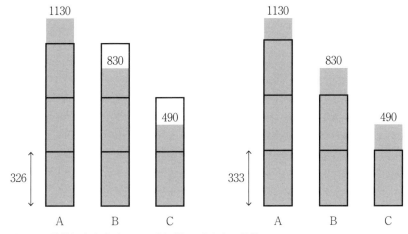

図 3-6　除数切上方式（サンラグ方式）で使えない除数

　図3-6にあるように，_326.7_ より小さい除数である326を使うと，A州が3つの塊を作れ，B州が3つの塊を作れ，C州が2つの塊を作れて，合計が8となり，与えられた総定数7を超える。また**332.0**より大きい方の除数333を使うと，A州は3つの塊が作れるが，B州が2つの塊しか作れず，C州の1と合わせても合計が6で総定数7に足りないことになる。

　サンラグ方式とは，ある基準人口 d を見つけて，各州の人口をそれで割った商の，切捨値と切上値の算術平均を閾値に切上切捨を決めた値の総和が議席総数に等しくなるようにし，各州の定数とする除数方式なのである。

3.5　統合と分裂

　本章では，日本において人口に膾炙してきたと考えられる3つの議席（定数）配分方法が除数方式であることを示してきた。以下にまとめておこう。

【ドント方式（除数切捨方式，除数閾値上限方式，Jefferson方式）】
　ある基準人口（基準得票）d を見つけて，各州の人口（各党の得票）をそれで割った商の，切捨値の総和が議席総数に等しくなるようにし，各州の定数配

分（各党の議席配分）とする。

【アダムズ方式（除数切上方式，除数閾値下限方式，Adams 方式）】
　ある基準人口（基準得票）d を見つけて，各州の人口（各党の得票）をそれで割った商の，切上値の総和が議席総数に等しくなるようにし，各州の定数配分（各党の議席配分）とする。

【サンラグ方式（除数四捨五入方式，除数閾値相加（算術）平均方式，Webster 方式）】
　ある基準人口（基準得票）d を見つけて，各州の人口（各党の得票）をそれで割った商の，切捨値と切上値の相加（算術）平均を閾値に切上切捨を決めた値（四捨五入した値）の総和が議席総数に等しくなるようにし，各州の定数配分（各党の議席配分）とする。

　比例代表の議席配分や，定数配分において採用すべき方式はどれか。まず採用されるべき指針は Balinski and Young（1982，邦訳 1987）がその補論 A9 で証明している命題，定理である。
　Balinski and Young（1982，邦訳 1987）の命題 6.4 および定理 9.1 によると，ドント方式（Jefferson 方式）は，各政党（州）に下方取り分（得票（人口）の完全比例値である真の取り分の整数部分（切捨値））以上の議席（議員定数）を与えることを保証しながらも，「統合を促す」唯一の除数方式[20]である。
　ここで，「統合を促す」とは，2 政党（州）が統合してそれぞれの票（人口）を出し合って合計した場合，この 2 政党（州）が別々に獲得する議席数（定数）と少なくとも同数，もしくは上回る議席数（定数）を獲得するという意味である。Balinski and Young（1982，邦訳 1987）も記しているように，比例代表制において採用されるべき議席配分方法は，統合を促すドント方式であろう。どんな政党であっても真の取り分の整数部分に相当する議席は得られるわけだ

20　Balinski and Young（1982，邦訳 1987）はその定理 9.1 で population monotone（人口パラドックスを起こさない）方式としているが，除数方式は人口パラドックスを起こさず，人口パラドックスを起こさない議席（定数）配分方法は除数方式のみなので，同値であり，置き換えた。

し，比例代表制における小党分立や，単一論点政党（single issue party）が大政党を振り回す，"尻尾が犬を振る"（the tail wagging the dog）というような状況になることは望ましくないからである[21]。

　Balinski and Young（1982, 邦訳 1987）の命題 6.4 および定理 9.2 によると，アダムズ方式は，各政党（州）に上方取り分（得票（人口）の完全比例値である真の取り分の切上整数値）を超える議席（議員定数）を与えないことを保証しながらも，「分裂を促す」唯一の除数方式である。

　ここで，「分裂を促す」とは，1 つの政党（州）が分裂してそれぞれの票（人口）から議席（定数）を得る場合，新たな 2 政党（州）が，その合計において，元の 1 政党（州）と少なくとも同数，もしくは上回る議席数を獲得するという意味である。

　アダムズ方式が人口の少ない州にとって著しく有利な配分であることは，同じ人口の例を使った本章の例からでも推察されるとおりであり，これは第 5 章で数理的に検証される。ここでは「分裂を促す」唯一の除数方式であるという点を取り上げておきたい。

　2010 年の国勢調査に基づく衆院小選挙区の定数是正は，安倍晋三（山口 4 区選出）長期政権のもと，0 増 5 減，0 増 6 減などといった，逆転配分すら放置した糊塗で誤魔化してきたわけだが，2020 年の国勢調査に基づく小選挙区定数配分は，選挙制度改革時や 2000 年国勢調査に基づく定数是正の一人別枠方式（1＋最大剰余方式）から，アダムズ方式に変わることになっている。これに伴い，目立たずに織り込まれたのが各比例ブロックへの定数配分における，最大剰余方式からアダムズ方式への変更である。

　アダムズ方式は，Balinski and Young（1982, 邦訳 1987）が証明しているように，分裂すれば受け取る総定数が有利になる（不利には決してならない）。逆に，無理に統合された比例区ほど不利になる（有利には決してならない）。

　南関東という比例ブロックは，中国という比例ブロック以上の人口を持つ神奈川県と，四国という比例ブロック以上の人口を持つ千葉県に，山梨県を統合したという，鉄道路線による直接的な結合にすら欠ける異様なブロックである

21　このような状況を分析するのに Shapley-Shubik 指数，Banzhaf-Coleman 指数などの投票力指数（Power Index）が使われる。興味のある方は和田（2022）などを参照されたい。

が，統合されることにより，アダムズ方式が使われる限り，複数の連絡橋，鉄道により直接的につながれたのにもかかわらず別のブロックにされている，山口県を含む中国ブロックや，四国ブロックより確実に貶^{おとし}められるように仕組まれたということになるのである。

4. 州と州の差の最小化

アダムズ		アメリカ下院	サンラグ	ドント
1＋ドント				
切上			四捨五入	切捨
閾値下限	閾値調和平均	閾値幾何平均	閾値算術平均	閾値上限
		閾値相乗平均	閾値相加平均	
Adams	Dean	Hill	Webster	Jefferson

		$\frac{\cdot}{P_A} - \frac{\cdot}{\cdot}$		$\frac{\cdot}{\cdot} - \frac{P_A}{\cdot}$	
		$\frac{\cdot}{\cdot} - \frac{\cdot}{P_B}$	$\frac{P_B}{\cdot} - \frac{\cdot}{\cdot}$	$\frac{\cdot}{\cdot} - \frac{\cdot}{P_B}$	$\frac{P_B}{\cdot} - \frac{\cdot}{\cdot}$
$a_A - \frac{\cdot}{\cdot}$	$\frac{\cdot}{\cdot} - a_B$	① $\frac{a_A}{P_A} - \frac{a_B}{P_B}$ サンラグ方式 （閾値相加平均）	③ $\frac{P_B}{P_A}a_A - a_B$ ドント方式 （閾値上限）	⑤ $a_A - \frac{P_A}{P_B}a_B$ アダムズ方式 （閾値下限）	①′ $\frac{P_Ba_A}{1} - \frac{P_Aa_B}{1}$ サンラグ方式 （閾値相加平均）
	$\frac{\cdot}{\cdot} - \frac{\cdot}{a_B}$	⑥′ $\frac{a_A}{a_BP_A} - \frac{1}{P_B}$ アダムズ方式 （閾値下限）	⑦ $\frac{P_Ba_A}{P_Aa_B} - 1$ アメリカ下院方式 （閾値相乗平均）	$\frac{a_A}{P_A} - \frac{\cdot}{P_B}$ 使用不可能 Huntington (1928, Ex13)	⑥ $\frac{a_A}{a_B}P_B - P_A$ アダムズ方式 （閾値下限）
$\frac{\cdot}{\cdot} - \frac{\cdot}{a_A}$	$\frac{\cdot}{\cdot} - a_B$	④′ $\frac{1}{P_A} - \frac{a_B}{P_Ba_A}$ ドント方式 （閾値上限）	$\frac{P_B}{P_A} - \frac{a_B}{a_A}$ 使用不可能 Huntington (1928, Ex14)	⑧ $1 - \frac{P_Aa_B}{P_Ba_A}$ アメリカ下院方式 （閾値相乗平均）	④ $P_B - \frac{a_B}{a_A}P_A$ ドント方式 （閾値上限）
	$\frac{\cdot}{\cdot} - \frac{\cdot}{a_B}$	②′ $\frac{1}{P_Aa_B} - \frac{1}{P_Ba_A}$ Dean 方式 （閾値調和平均）	$\frac{P_B}{P_Aa_B} - \frac{1}{a_A}$ 使用不可能 Huntington (1928, Ex16)	$\frac{1}{a_B} - \frac{P_A}{P_Ba_A}$ 使用不可能 Huntington (1928, Ex15)	② $\frac{P_B}{a_B} - \frac{P_A}{a_A}$ Dean 方式 （閾値調和平均）

議会以外のイラスト出典：https://www.irasutoya.com/p/faq.html
議会イラスト出典：https://tabisozai.net/united-states-capitol/

4.1 アメリカにおける定数配分

それぞれがconstitution（憲法とも訳せるし，日本独特の歴史的な用語である"国体"とも訳しうるかもしれない）を持ち，財政的にも独立している主権国家の連合体である国連の総会は，個々の国連加盟国が，その人口の多寡にかかわらず，一票ずつを持って議決を行う。

独立戦争（1775-1783）時，アメリカは 13 の植民地の同盟であり，今でも，国立大学が存在せず，州立大学がその教育の中核を担っていることが象徴しているように，各州（States[1]）の財政は自立し，税制をはじめとする法律も大きく異なっている。United States of Americaとして，各州の独立性を保った連邦国家のconstitution（憲法）を制定するにあたり，その議会を，国連のようなStates（州）の代表で構成するか，人口比例で定数を配分した議員で構成するかが大論争となった。

1787年のConstitutional Convention（憲法制定会議）において，Founding Fathers（建国の父）が，Great Compromise（偉大なる妥協）として制定したのが，上院は各州 2 名ずつ，下院は人口比例とする，二院制である。「代表無くして課税無し」"No taxation without representation"のスローガンのもとに独立戦争を戦い抜いた国だけに，下院の定数配分については，この後も激しい論争が続く。その歴史については，「一票の格差」訴訟を始められた越山康弁護士の監訳（1987）もあるBalinski and Young（1982）で読むことができる。

前章までに触れたように，そこには，合衆国憲法の起草者であり，コメンタリーとして有名な *The Federalist*（1787-1788）の主執筆者，初代財務長官としても名を残すAlexander Hamilton（1755 or 1757-1804），独立宣言の主要な起草者であり，第 3 代大統領でもあるThomas Jefferson（1743-1826），第 6 代大統領のJohn Quincy Adams（1767-1848），40 年近い長きにわたって上下両院議員，国務長官などを務めたDaniel Webster（1782-1852）などの高名な政治家が登場する。

---

[1] 主権を持つ国，国家に対しても使われる言葉であることに注意したい。

Hamilton は最大剰余方式を，Jefferson は，Victor D'Hondt（1841-1902）より先に，ドント方式に相当する除数切捨（閾値上限）方式を，Adams は，200年近く後に極東の国でいきなり光を当てられた，除数切上（閾値下限）方式を，Webster は，André Sainte-Laguë（1882-1950）より先に，サンラグ方式に相当する除数四捨五入（閾値相加（算術）平均）方式を提案していたわけだが，これ以外にも，除数閾値調和平均方式とも呼びうる方式を生み出したダートマス大学の数学者・天文学者であった James Dean（1776-1849），除数閾値相乗（幾何）平均方式とも呼びうる方式を示した，国勢調査局統計官の Joseph Hill（1860-1938）などの名前が残る。そして執筆当時アメリカ数学会会長であった Edward Vermilye Huntington（1874-1952）が，Huntington（1928）において，州の間の"差"の最小化というアイデアを網羅的に検討し，除数閾値相乗（幾何）平均方式を，アメリカ下院の定数配分として，ここ100年近く使われることへと導いた。

Huntington の州と州の間の"差"に関わる網羅的取り扱いは表4-5のようにまとめられるが，まずは州の間の"差"に関わるさまざまな考え方を確認してみたい。

4.2 「州の人口あたりの定数配分」の差の最小化
→ サンラグ方式〜除数閾値相加（算術）平均方式

第3章で紹介したサンラグ方式〜除数閾値相加（算術）平均方式は，「州の人口あたりの定数配分」$\left(\frac{a_j}{P_j}\right)$の差をできる限り縮める議席配分を行う手法であるともとらえられる。

ある定数配分が"「州の人口あたりの定数配分」を互いに最も近づけている定数配分である"ことをいうためには，"K個の州に対する配分である$(a_1, \cdots, a_s, \cdots, a_t, \cdots, a_K)$からの変更$(a_1, \cdots, (a_s-1), \cdots, (a_t+1), \cdots, a_K)$を行うと，「州の人口あたりの定数配分」が遠ざかってしまう"ことを言えばよい。すなわち，"今の状況から配分を変えると「州の人口あたりの定数配分」の差が悪化する"ということによって"「州の人口あたりの定数配分」の差に基づく最適性を保証する"というわけである。

4.2 「州の人口あたりの定数配分」の差の最小化

この際，"現在冷遇されている側の州 B の定数配分を減らして，現在優遇されている側の州 A の定数配分を増やすと，必ず「州の人口あたりの定数配分」の差は大きくなる"わけで，満たさなければならない条件として検討すべきは，"現在冷遇されている州 B の定数を増やし，現在優遇されている州 A の定数を減らした場合，冷遇優遇が逆転し，かえって「州の人口あたりの定数配分」の差が大きくなってしまう"という条件が満たされていることの確認である。

数式で書くと，現在優遇されている州が A，冷遇されている州が B なので，

$$\frac{a_A}{P_A} - \frac{a_B}{P_B} < \frac{(a_B+1)}{P_B} - \frac{(a_A-1)}{P_A} \tag{1}$$

の成立が要件となり，整理すると

$$\frac{P_B}{2a_B+1} < \frac{P_A}{2a_A-1} \quad \left(\frac{P_B}{2(a_B+1)-1} < \frac{P_A}{2a_A-1}\right)$$

あるいは

$$\frac{P_B}{\frac{a_B+(a_B+1)}{2}} < \frac{P_A}{\frac{(a_A-1)+a_A}{2}}$$

$$\left(\frac{P_B}{\frac{((a_B+1)-1)+(a_B+1)}{2}} < \frac{P_A}{\frac{(a_A-1)+a_A}{2}}\right)$$

が得られる。

1つ目の数式が要求していることは，第3章で奇数方式（サンラグ方式）として説明した表3-5の配分方法である。すなわち，A 州が定数配分の最後に a_A という配分を得るのは，呼応する奇数である $(2a_A-1)$ で割った商 $\left(\frac{P_A}{2a_A-1}\right)$ が，それ以外の B 州の次の配分である (a_B+1) に呼応する奇数である $(2(a_B+1)-1)$ で割った商である $\left(\frac{P_B}{2(a_B+1)-1}\right)$ より大きいということであり，それがまさしくこの数式が示していることになる。もちろん，分母を2で割った2つ目の式は同じく第3章の表3-6に対応し，この方式が除数閾値相加（算術）平均方式と呼ばれるのが相応しいことを示す。すなわち，前章の「サンラグ方式〜除数閾値相加（算術）平均方式」の説明が繰り返され，「州の人口あたりの定数配分」$\left(\frac{a_j}{P_j}\right)$ をできる限り近づけるような定数配分は除数閾値相加（算術）平均方式（サンラグ方式）であり，除数閾値相加（算術）平均方式（サンラグ

方式）は「州の人口あたりの定数配分」$\left(\frac{a_j}{P_j}\right)$ をできる限り互いに近づけることになるのである。

4.3 「州の1議席あたり人口」の差の最小化
→ Dean 方式〜除数閾値調和平均方式

　Balinski and Youmg（1982，邦訳 1987）も紹介する Dean のアイデア[2]は「それが大きすぎるか小さすぎるかにかかわらず1議席あたり人口ができる限り［一］に近づくように各州の議席数を定める」というものである。除数に相当する［一］の部分は任意に定められるわけで，要は「州の1議席あたり人口」$\left(\frac{P_j}{a_j}\right)$ をできる限り近づけるような定数配分をすべきであるというアイデアである。近づけるべき値の分母分子が，サンラグ方式を導いた「州の人口あたりの定数配分」$\left(\frac{a_j}{P_j}\right)$ と逆になっているわけだが，「州（県）の人口あたりの定数配分」は，かなり小さな小数になることもあり，日本においても「州（県）の1議席あたり人口」という数字の方が，目にすることは多いかもしれない[3]。

　サンラグ方式の場合同様，Dean 方式においても，ある配分が「州の1議席あたりの人口」を互いに最も近づけている配分である" ことをいうためには，"その配分からの変更を行うと，「州の1議席あたり人口」が遠ざかってしまう" ことを言えばよい。

　その際，"現在冷遇されている側の州 B の定数配分を減らして，現在優遇されている側の州 A の定数配分を増やすと，必ず「州の1議席あたりの人口」

　2　オリジナルは Webster (1832) "Extract of a Letter from Professor James Dean"（1832 年 4 月 5 日付）in Daniel Webster (1903) *The Writings and Speeches of Daniel Webster in eighteen volumes, Vol. 6* に依拠し，史料はアマゾンなどでも購入可能（https://www.amazon.co.jp/dp/B00GR5JC92/，2024年8月11日確認）。

　3　ただし，自国通貨を1ドル〇〇〇円と表すのも同様であるが，本来の基準は何であり，どう表現するのが正しい認識をもたらしやすいのかについては，十二分に注意を払っておきたい。新聞報道などで使われる「議員1人あたりの人口 $\left(\frac{P_j}{a_j}\right)$ が3倍である」ことをいう "一票の較差1：3" という表現と，一人一票実現国民会議などが使う「人口1人あたりの議員数 $\left(\frac{a_j}{P_j}\right)$ が 1/3 である」ことをいう "あなたの一票は 0.33 票" という表現のどちらが正しい認識をもたらしやすいか。1ドル〇〇〇円という数値表現が，円高円安の認識に混乱を起こすことにもつながるところだと思われる。要は，主権者国民と代議士，自国通貨円と他国通貨ドル，どちらが主人公，基準なのかを間違えるべきではないということなのかもしれない。

の差は大きくなる"わけで，満たさなければならない条件として検討すべきは，"現在優遇されている州Aの定数を減らし，現在冷遇されている州Bの定数を増やした場合，かえって「州の1議席あたりの人口」の差が大きくなってしまう"という条件が満たされていることの確認である。

数式で書くと，現在優遇されている州がA，冷遇されている州がBなので

$$\frac{P_B}{a_B} - \frac{P_A}{a_A} < \frac{P_A}{(a_A-1)} - \frac{P_B}{(a_B+1)} \tag{2}$$

の成立が要件であり，整理すると

$$\frac{P_B}{\frac{2a_B(a_B+1)}{a_B+(a_B+1)}} < \frac{P_A}{\frac{2(a_A-1)a_A}{(a_A-1)+a_A}}$$

が得られる。

それぞれの分母は，下の整数と上の整数の調和平均[4]であり，人口P_Aを割った商（分数）が大きいA州には定数配分a_Aを与え，商（分数）が小さいB州には定数配分(a_B+1)は与えずにa_Bに留めるということを示すことになる。すなわち，前章のサンラグ方式（除数閾値相加（算術）平均方式）と同じような説明方法をとることができ，「州の1議席あたりの人口」$\left(\frac{P_j}{a_j}\right)$をできる限り近づけるような定数配分は除数閾値調和平均方式であり，除数閾値調和平均方式は「州の1議席あたりの人口」をできる限り近づけるということが言える。「州の1議席あたりの人口」の差をできるだけ小さくしようとするDean方式は，基準となる人口を除数として適切に定め，州の人口を除した商の，下の整数と上の整数の調和平均を閾値として，切捨，切上を定め，定数配分を行う，除数閾値調和平均方式と呼ばれるべき手法なのである。

もちろん，0と1の間の閾値が$\frac{2\times(0\times 1)}{0+1}=0$，1と2の間の閾値が$\frac{2\times(1\times 2)}{1+2}$

---

4 調和平均は往復の平均速度を出すときに使われる"平均"であり，平均点を出すときの相加（算術）平均，平均成長率を出すときの相乗（幾何）平均とともにピタゴラス平均として知られている。なお，通常の相加（算術）平均が$A=\frac{x_1+x_2}{2}$，相乗（幾何）平均が$G=\sqrt{x_1\cdot x_2}$と表されるのに対し，調和平均は$H=\frac{2}{\frac{1}{x_1}+\frac{1}{x_2}}$として定義されることが多い。平均速度(km/h)を求めるには，分母が，行きの所要時間（片道距離$_{\text{km}}$／行きの速度$_{\text{km/h}}$）と帰りの所要時間（片道距離$_{\text{km}}$／帰りの速度$_{\text{km/h}}$）の和，分子が片道距離の2倍の往復距離(km)というわけである。もちろん，$H=\frac{2}{\frac{1}{x_1}+\frac{1}{x_2}}=\frac{2x_1 x_2}{x_1+x_2}$である。

表 4-1 Dean 方式（除数閾値調和平均方式）

	A 州		B 州		C 州		合計
人口	1130		830		490		2450
	商	順	商	順	商	順	
÷0	∞	1	∞	2	∞	3	
$\div \frac{4}{3}$	847.5	4	622.5	5	*367.5*	*7*	
$\div \frac{12}{5}$	470.8	6	**345.8**	**8**	204.2		
$\div \frac{24}{7}$	329.6		242.1		142.9		
配分		3		2		2	7

表 4-2 除数閾値調和平均方式（Dean 方式）

	A 州		B 州		C 州		合計
人口	1130		830		490		2450
除数	商	配分	商	配分	商	配分	配分合計
÷345	3.275	3	2.406	3	1.420	2	8
÷346	3.266	3	2.399	2	1.416	2	7
⋮	⋮	⋮	⋮	⋮	⋮	⋮	⋮
÷367	3.079	3	2.262	2	1.335	2	7
÷368	3.071	3	2.255	2	1.332	1	6

$\frac{4}{3} \approx 1.333$，2と3の間の閾値が $\frac{2\times(2\times3)}{2+3}=\frac{12}{5}=2.4$，3と4の間の閾値が $\frac{2\times(3\times4)}{3+4}=\frac{24}{7}\approx 3.429$，…であることに注意すると，第3章のドント方式，アダムズ方式，サンラグ方式と同等の表が表4-1，表4-2のように得られることになる。

4.4 「人口比補正された優遇州の議席と冷遇州の議席」の差の最小化 → ドント方式〜除数閾値上限方式

"差"を測るうえで，補正したうえで行うというのはしばしば行われることであろう。「人口比補正された優遇州 A の議席 $\left(\frac{P_B}{P_A}a_A\right)$ と冷遇州 B の議席 (a_B) の差を最小化する」ことを考えるならば下記の式が要件となる。

$$\frac{P_B}{P_A}a_A - a_B < \frac{P_A}{P_B}(a_B+1)-(a_A-1) \tag{3}$$

この式を整理すると

$$\frac{P_A+P_B}{P_A}a_A < \frac{P_A+P_B}{P_B}(a_B+1)$$

であることから

$$\frac{P_B}{(a_B+1)} < \frac{P_A}{a_A}$$

が得られる。

　この条件を満たす配分は，s 州に配分された定数 (a_s) でその州の人口 (P_s) を割った値が，他の州に配分された定数に1を加えた値 (a_t+1) でその州の人口 (P_t) を割った値を超えるということで，まさしく，第3章で説明したドント方式の配分そのものであることが確認できる。

4.5 「冷遇州の人口と議席比補正された優遇州の人口」の差の最小化
→ ドント方式〜除数閾値上限方式

「冷遇州 B の人口 (P_B) と議席比補正された優遇州 A の人口 $\left(\frac{a_B}{a_A}P_A\right)$ の差を最小化する」要件である

$$P_B - \frac{a_B}{a_A}P_A < P_A - \frac{(a_A-1)}{(a_B+1)}P_B \tag{4}$$

を整理すると $P_B\frac{(a_A+a_B)}{(a_B+1)} < P_A\frac{(a_A+a_B)}{a_A}$ という変形を経て

$$\frac{P_B}{(a_B+1)} < \frac{P_A}{a_A}$$

が得られ，ここでもドント方式が導き出されることが確認できる。

4.6 「優遇州の議席と人口比補正された冷遇州の議席」の差の最小化
→ アダムズ方式〜除数閾値下限方式

「優遇州の議席 (a_A) と人口比補正された冷遇州の議席 $\left(\frac{P_A}{P_B}a_B\right)$ の差の最小化をする」要件である

$$a_A - \frac{P_A}{P_B}a_B < (a_B+1) - \frac{P_B}{P_A}(a_A-1) \tag{5}$$

を整理すると $\frac{P_A+P_B}{P_A}(a_A-1) < \frac{P_A+P_B}{P_B}a_B$ という変形を経て

$$\frac{P_B}{a_B} < \frac{P_A}{(a_A-1)}$$

という式が得られる。

この条件を満たす配分は，s 州に配分された定数 (a_s) のもとの整数 (a_s-1) でその州の人口 (P_s) を割った値が，他の州に配分された定数 (a_t) のもとの整数 (a_t-1) の次の整数 (a_t) でその州の人口 (P_t) を割った値を超えるということで，まさしく，切上数を定数配分とするアダムズ方式の配分そのものであることが確認できる。

4.7 「議席比補正された冷遇州の人口と優遇州の人口」の差の最小化 → アダムズ方式〜除数閾値下限方式

「議席比補正された冷遇州の人口 $\left(\frac{a_A}{a_B}P_B\right)$ と優遇州の人口 (P_A) の差を最小化する」要件である

$$\frac{a_A}{a_B}P_B - P_A < \frac{(a_B+1)}{(a_A-1)}P_A - P_B \tag{6}$$

を整理すると $\frac{a_A+a_B}{a_B}P_B < \frac{a_A+a_B}{(a_A-1)}P_A$ という変形を経て

$$\frac{P_B}{a_B} < \frac{P_A}{(a_A-1)}$$

という式が得られる。アダムズ方式である。

4.8 相対差の最小化〜比（較差）の最小化 → Hill 方式（アメリカ下院方式）〜除数閾値相乗（幾何）平均方式

Balinski and Young（1982，邦訳 1987）は，国勢調査局統計官であった Joseph A. Hill（1860-1938）の 1911 年の提案を「議席総数を定める。どの 2 つの州に対しても，一方の州から他方の州へ 1 議席を移動するとき，1 議席あたり

4.8 相対差の最小化〜比（較差）の最小化

人口の相対差が下がらないように州の議席数を定める。」とまとめている。

定数配分の変更により「州の1議席あたり人口」$\left(\dfrac{P_j}{a_j}\right)$ の相対差がかえって悪化する条件は，優遇されている州の「州の1議席あたり人口」を基準にした場合，

$$\frac{\dfrac{P_B}{a_B}-\dfrac{P_A}{a_A}}{\dfrac{P_A}{a_A}} < \frac{\dfrac{P_A}{(a_A-1)}-\dfrac{P_B}{(a_B+1)}}{\dfrac{P_B}{(a_B+1)}}$$

あるいは繁分数を避けた形で

$$\frac{P_B a_A}{P_A a_B} - 1 < \frac{P_A(a_B+1)}{P_B(a_A-1)} - 1 \tag{7}$$

であり，冷遇されている州の「州の1議席あたり人口」を基準にした場合，

$$\frac{\dfrac{P_B}{a_B}-\dfrac{P_A}{a_A}}{\dfrac{P_B}{a_B}} < \frac{\dfrac{P_A}{(a_A-1)}-\dfrac{P_B}{(a_B+1)}}{\dfrac{P_A}{(a_A-1)}}$$

あるいは繁分数を避けた形で

$$1 - \frac{P_A a_B}{P_B a_A} < 1 - \frac{P_B(a_A-1)}{P_A(a_B+1)} \tag{8}$$

であるが，いずれにせよ，比（較差）が最小であることを示す，

$$\frac{\dfrac{a_A}{P_A}}{\dfrac{a_B}{P_B}} < \frac{\dfrac{(a_B+1)}{P_B}}{\dfrac{(a_A-1)}{P_A}} \quad \text{あるいは} \quad \frac{\dfrac{P_B}{a_B}}{\dfrac{P_A}{a_A}} < \frac{\dfrac{P_A}{(a_A-1)}}{\dfrac{P_B}{(a_B+1)}}$$

が導出され，整理すると

$$\frac{P_B}{\sqrt{a_B(a_B+1)}} < \frac{P_A}{\sqrt{(a_A-1)a_A}}$$

が得られる。

ちなみに，定数配分の変更により「州の人口あたりの定数配分」$\left(\dfrac{a_j}{P_j}\right)$ の相対差が悪化する条件は，冷遇されている州 B を基準にして

$$\frac{\dfrac{a_A}{P_A}-\dfrac{a_B}{P_B}}{\dfrac{a_B}{P_B}} < \frac{\dfrac{(a_B+1)}{P_B}-\dfrac{(a_A-1)}{P_A}}{\dfrac{(a_A-1)}{P_A}}$$

あるいは繁分数を避けた形で

$$\frac{P_B a_A}{P_A a_B} - 1 < \frac{P_A(a_B+1)}{P_B(a_A-1)} - 1 \tag{7}$$

であり，優遇されている州 A を基準にした場合，

$$\frac{\frac{a_A}{P_A} - \frac{a_B}{P_B}}{\frac{a_A}{P_A}} < \frac{\frac{(a_B+1)}{P_B} - \frac{(a_A-1)}{P_A}}{\frac{(a_B+1)}{P_B}}$$

あるいは繁分数を避けた形で

$$1 - \frac{P_A a_B}{P_B a_A} < 1 - \frac{P_B(a_A-1)}{P_A(a_B+1)} \tag{8}$$

であるが，いずれにせよ，比（較差）が最小であることを示す

$$\frac{\frac{a_A}{P_A}}{\frac{a_B}{P_B}} < \frac{\frac{(a_B+1)}{P_B}}{\frac{(a_A-1)}{P_A}} \quad \text{あるいは} \quad \frac{\frac{P_B}{a_B}}{\frac{P_A}{a_A}} < \frac{\frac{P_A}{(a_A-1)}}{\frac{P_B}{(a_B+1)}}$$

が導出され，全く同じ条件である

$$\frac{P_B}{\sqrt{a_B(a_B+1)}} < \frac{P_A}{\sqrt{(a_A-1)a_A}}$$

が得られる。

　すべての相対差のケースにおいて，導かれた条件式の分母は下の整数と上の整数の相乗（幾何）平均であり，人口 P_A を割った商（分数）が大きい A 州には定数配分 a_A を与え，商（分数）が小さい B 州には定数配分 (a_B+1) は与えずに a_B に留めるということを示すことになる。すなわち，第3章のサンラグ方式と同じような説明方法を採用すれば，「州の1議席あたりの人口」$\left(\frac{P_j}{a_j}\right)$ あるいは「州の人口あたりの定数配分」$\left(\frac{a_j}{P_j}\right)$ の相対差をできる限り小さくする（比（較差）を1に近づける）ような議席配分は除数閾値相乗（幾何）平均方式であり，除数閾値相乗（幾何）平均方式は「州の1議席あたりの人口」$\left(\frac{P_j}{a_j}\right)$ および「州の人口あたりの定数配分」$\left(\frac{a_j}{P_j}\right)$ の相対差をできる限り小さくする（比（較差）を1に近づける）ことが確認できる。相対差最小化あるいは較差最小化配分法である Hill 方式は，基準となる人口を除数として適切に定め，州の人口を除した商の，下の整数と上の整数の相乗（幾何）平均を閾値

表 4-3 Hill 方式（除数閾値相乗（幾何）平均方式）

	A 州		B 州		C 州		合計
人口	1130		830		490		2450
	商	順	商	順	商	順	
÷ 0	∞	1	∞	2	∞	3	
÷ $\sqrt{2}$	799.0	4	586.9	5	*346.5*	*8*	
÷ $\sqrt{6}$	461.3	6	**338.8**	**7**	200.0		
÷ $\sqrt{12}$	326.2		239.6		141.5		
配分		3		2		2	7

表 4-4 除数閾値相乗（幾何）平均方式（Hill 方式）

	A 州		B 州		C 州		合計
人口	1130		830		490		2450
除数	商	配分	商	配分	商	配分	配分合計
÷ 338	3.343	3	2.456	3	1.450	2	8
÷ 339	3.333	3	2.448	2	1.445	2	7
⋮	⋮	⋮	⋮	⋮	⋮	⋮	⋮
÷ 346	3.266	3	2.399	2	1.416	2	7
÷ 347	3.256	3	2.392	2	1.412	1	6

として，切捨，切上を定め，定数配分を行う．除数閾値相乗（幾何）平均方式と呼ばれるべき手法なのである．

0と1の間の閾値が $\sqrt{0 \times 1} = 0$，1と2の間の閾値が $\sqrt{1 \times 2} = \sqrt{2} \approx 1.414$，2と3の間の閾値が $\sqrt{2 \times 3} = \sqrt{6} \approx 2.449$，3と4の間の閾値が $\sqrt{3 \times 4} = \sqrt{12} \approx 3.464$，…に注意すると，第3章のドント方式，アダムズ方式，サンラグ方式と同等の表が表 4-3，表 4-4 のように得られることになる．

4.9 2州間の網羅的比較～Huntington (1928) の5つの方式

ここまでに紹介してきた2州間の"差"の，自然言語表現，数式表現，最適条件を示す式番号，および導かれる除数方式をまとめると，以下のようになる．

「各州の人口あたりの定数配分」 $\quad \dfrac{a_A}{P_A} - \dfrac{a_B}{P_B} \quad$ ① 閾値相加平均
（サンラグ方式）

「各州の1議席あたり人口」 $\quad \dfrac{P_B}{a_B} - \dfrac{P_A}{a_A} \quad$ ② 閾値調和平均

「人口比補正された優遇州の議席と冷遇州の議席」
$$\frac{P_B}{P_A}a_A - a_B \quad ③$$
（Dean 方式）

閾値上限
（ドント方式）

「冷遇州の人口と議席比補正された優遇州の人口」
$$P_B - \frac{a_B}{a_A}P_A \quad ④$$

閾値上限
（ドント方式）

「優遇州の議席と人口比補正された冷遇州の議席」
$$a_A - \frac{P_A}{P_B}a_B \quad ⑤$$

閾値下限
（アダムズ方式）

「議席比補正された冷遇州の人口と優遇州の人口」
$$\frac{a_A}{a_B}P_B - P_A \quad ⑥$$

閾値下限
（アダムズ方式）

「州の1議席あたり人口の相対差」「州の人口当たりの定数配分の相対差」
$$\frac{P_B a_A}{P_A a_B} - 1 \quad ⑦ \qquad 1 - \frac{P_A a_B}{P_B a_A} \quad ⑧$$

閾値相乗平均
（Hill 方式）

　相対差に関わるところにおいて繁分数で書くことを避けていることもあり，ここまでに使われてきた最小化すべき指数はすべて，与えられた値である人口値 P_A, P_B と，操作する値である定数配分 a_A, a_B を使った組み合わせであることがわかる．

　優遇された状況にある A 州の人口 P_A は前項の分母か後項の分子，冷遇された状況にある B 州の人口 P_B は後項の分母か前項の分子，優遇された状況にある A 州の定数配分 a_A は前項の分子か後項の分母，冷遇された状況にある B 州の定数配分 a_B は後項の分子か前項の分母に登場する．

$$\frac{\cdot}{P_A} - \frac{\cdot}{\cdot} \qquad \frac{\cdot}{\cdot} - \frac{P_A}{\cdot} \qquad \frac{\cdot}{\cdot} - \frac{\cdot}{P_B} \qquad \frac{P_B}{\cdot} - \frac{\cdot}{\cdot}$$

$$\frac{a_A}{\cdot} - \frac{\cdot}{\cdot} \qquad \frac{\cdot}{\cdot} - \frac{\cdot}{a_A} \qquad \frac{\cdot}{\cdot} - \frac{a_B}{\cdot} \qquad \frac{\cdot}{a_B} - \frac{\cdot}{\cdot}$$

P_A, P_B, a_A, a_B の登場する場所の可能性，$2\times 2\times 2\times 2 = 16$ 通りの組み合わせに

4.9 2州間の網羅的比較～Huntington (1928) の5つの方式

関する差の最小化を検討し，5つの除数方式を析出，アメリカ下院定数配分法に関する議論を Hill 方式（除数閾値相乗（幾何）平均方式）採用へ導いたのが Huntington (1928) である[5]．

上にまとめた8つ以外に，定数である P_A, P_B を使って導出する

①を $P_A P_B$ 倍した	$\dfrac{P_B a_A}{1} - \dfrac{P_A a_B}{1}$	①′	閾値相加平均
②を $P_A P_B$ で割った	$\dfrac{1}{P_A a_B} - \dfrac{1}{P_B a_A}$	②′	閾値調和平均
④を $P_A P_B$ で割った	$\dfrac{1}{P_A} - \dfrac{a_B}{P_B a_A}$	④′	閾値上限
⑥を $P_A P_B$ で割った	$\dfrac{a_A}{a_B P_A} - \dfrac{1}{P_B}$	⑥′	閾値下限

の4つがある．

考えられる16通りのうち，ここまでに登場した12通りはそれぞれに最適化整数値としてアダムズ方式（閾値下限），Dean 方式（閾値調和平均），Hill 方式（閾値相乗平均），サンラグ方式（閾値相加平均），ドント方式（閾値上限）のいずれかの除数方式を導いてきたが，残る4つの最適化条件である下記の4式は，Huntington (1928) の Ex13～Ex16 が示すように堂々巡りを起こし，使用可能ではない．

$$\frac{a_A}{a_B} - \frac{P_A}{P_B} < \frac{(a_B+1)}{(a_A-1)} - \frac{P_B}{P_A}$$

$$\frac{P_B}{P_A} - \frac{a_B}{a_A} < \frac{P_A}{P_B} - \frac{(a_A-1)}{(a_B+1)}$$

$$\frac{1}{a_B} - \frac{P_A}{P_B a_A} < \frac{1}{(a_A-1)} - \frac{P_B}{P_A(a_B+1)}$$

$$\frac{P_B}{P_A a_B} - \frac{1}{a_A} < \frac{P_A}{P_B(a_A-1)} - \frac{1}{(a_B+1)}$$

したがって，Huntington (1928) が行った網羅的な取り扱いである州と州と

---

[5] Huntington (1928) は，ここで紹介する16種類の差以外に，その絶対値をとった16種類を加え，32種類に関して検討しているが，導かれる定数配分方法は本章で紹介する5つの除数方式から変わらない．（ちなみに絶対値をとった16種類から導かれるのは，本章のここまでに登場した除数閾値調和平均方式（Dean 方式），除数閾値相乗（幾何）平均方式（Hill 方式，現行のアメリカ下院方式），除数閾値相加（算術）平均方式（Webster 方式，サンラグ方式，奇数方式）の3つのみである．）

表 4-5　州と州との"差"の最小化に関わる網羅的比較

		$\frac{\cdot}{P_A}-\frac{\cdot}{\cdot}$		$\frac{\cdot}{\cdot}-\frac{P_A}{\cdot}$	
		$\frac{\cdot}{\cdot}-\frac{\cdot}{P_B}$	$\frac{P_B}{\cdot}-\frac{\cdot}{\cdot}$	$\frac{\cdot}{\cdot}-\frac{\cdot}{P_B}$	$\frac{P_B}{\cdot}-\frac{\cdot}{\cdot}$
$a_A-\frac{\cdot}{\cdot}$	$\frac{\cdot}{\cdot}-a_B$	① $\frac{a_A}{P_A}-\frac{a_B}{P_B}$ サンラグ方式 (閾値相加平均)	③ $\frac{P_B}{P_A}a_A-a_B$ ドント方式 (閾値上限)	⑤ $a_A-\frac{P_A}{P_B}a_B$ アダムズ方式 (閾値下限)	①' $\frac{P_B a_A}{1}-\frac{P_A a_B}{1}$ サンラグ方式 (閾値相加平均)
	$\frac{\cdot}{a_B}$	⑥' $\frac{a_A}{a_B P_A}-\frac{1}{P_B}$ アダムズ方式 (閾値下限)	⑦ $\frac{P_B a_A}{P_A a_B}-1$ アメリカ下院方式 (閾値相乗平均)	$\frac{a_A}{a_B}-\frac{P_A}{P_B}$ 使用不可能 Huntington (1928, Ex13)	⑥ $\frac{a_A}{a_B}P_B-P_A$ アダムズ方式 (閾値下限)
$\frac{\cdot}{\cdot}-\frac{\cdot}{\cdot}$	$\frac{\cdot}{\cdot}-a_B$	④' $\frac{1}{P_A}-\frac{a_B}{P_B a_A}$ ドント方式 (閾値上限)	$\frac{P_B}{P_A}-\frac{a_B}{a_A}$ 使用不可能 Huntington (1928, Ex14)	⑧ $1-\frac{P_A a_B}{P_B a_A}$ アメリカ下院方式 (閾値相乗平均)	④ $P_B-\frac{a_B}{a_A}P_A$ ドント方式 (閾値上限)
	$\frac{\cdot}{a_B}$	②' $\frac{1}{P_A a_B}-\frac{1}{P_B a_A}$ Dean 方式 (閾値調和平均)	$\frac{P_B}{P_A a_B}-\frac{1}{a_A}$ 使用不可能 Huntington (1928, Ex16)	$\frac{1}{a_B}-\frac{P_A}{P_B a_A}$ 使用不可能 Huntington (1928, Ex15)	② $\frac{P_B}{a_B}-\frac{P_A}{a_A}$ Dean 方式 (閾値調和平均)

の"差"は表 4-5 のようにまとめられる。

　Huntington (1928) はこのような州と州の間の"差"の最小化に関する網羅的検討を踏まえ，導出された 5 つの除数方式の中心的位置[6]にある除数閾値相乗（幾何）平均方式（Hill 方式）を推奨し，これ以降アメリカ下院の定数配分方法として定着することになる。

6　5 つの除数方式の閾値に使われる値の間には必ず下記の大小関係が保証される。

　　下限の整数値＜調和平均＜相乗（幾何）平均＜相加（算術）平均＜上限の整数値

5. 人口の多い州，人口の少ない州の間の平等

アダムズ 1＋ドント 切上 閾値下限		アメリカ下院		サンラグ	ドント
	閾値調和平均	閾値幾何平均 閾値相乗平均		四捨五入 閾値算術平均 閾値相加平均	切捨 閾値上限
Adams	Dean	Hill		Webster	Jefferson

← 人口の少ない州に有利　　　　　人口の多い州に有利 →

ドント方式（Jefferson 方式）は，各政党（各州）に下方取り分（真の取り分の切捨値）以上の議席（議員定数）を保証しながらも，「合併を促す」唯一の除数方式である。

アダムズ方式は，各政党（各州）に上方取り分（真の取り分の切上値）を超えない議席（議員定数）を保証しながらも，「分裂を促す」唯一の除数方式である。

Balinski and Young（1982，邦訳 1987）

議会以外のイラスト出典：https://www.irasutoya.com/p/faq.html
議会イラスト出典：https://tabisozai.net/united-states-capitol/

5.1 | 州人口の多寡による配分方式の有利不利

　ある除数方式が，別の除数方式に比べて，常に人口のより少ない州の定数配分を同じかより多く，あるいは人口のより多い州の定数配分を同じかより少なく定めるとき，この定数配分方法は，人口の少ない州により有利な計らいをするという。

　実際のところ，第3章「除数方式」の図3-3，図3-1が示していたように，アダムズ方式は，人口の少ない州をより有利に（人口の多い州をより不利に）計らい，ドント方式は，人口の少ない州をより不利に（人口の多い州をより有利に）計らう。

　Balinski and Young（1982）は，その補論A5定理5.1で，同じ除数方式でも，商が小さい方の閾値が相対的に小さく，商が大きい方の閾値が相対的に大きい定数配分方法の方が，人口の少ない州により有利な計らいをすることを証明している。

　図5-1で直感的にイメージをとらえていただけるかもしれないが，左側の方式だと，同じ除数で割った商が小さい（人口の少ない）州が，0はもちろん，その後も次々に閾線を超えて，○で囲まれた定数配分を獲得していき，右側の方式だと，同じ除数で割った商が小さい（人口の少ない）州はなかなか閾線を超えられず，その分，除数が小さな値になり，商が大きい（人口の多い）州が次々に閾線を超えていくことになる。

　具体的に，第3章「除数方式」で，アダムズ方式，サンラグ方式，ドント方式に対して共通に使った人口の例で，それぞれに算出した適切な除数[1]による，A, B, C, 3州の商を記入したのが図5-2である。人口が，それぞれ（　）内に示された共通の除数により縮尺され，商である棒グラフの高さが，それぞれの方式により定められた閾値の目盛（横線）を超えるか超えないかにより，定数配分（○で囲まれた数字）が定まり，その合計が配られるべき総定数7になっていることが確認できると思う。

---

[1] 第3章の表3-4，表3-7，表3-2で示された運用可能な除数のうち中位付近の整数値を採用した。

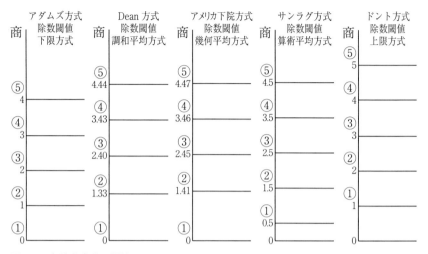

図 5-1　各除数方式の閾値

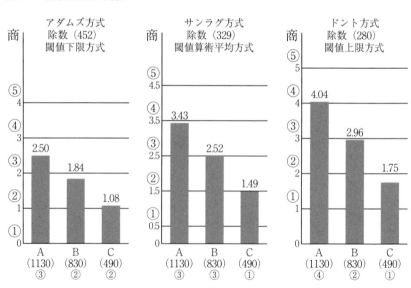

図 5-2　三除数方式の閾値と商が与える定数配分

5.1 州人口の多寡による配分方式の有利不利

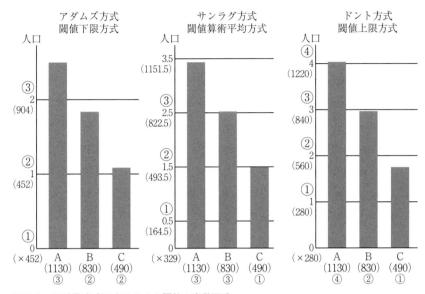

図 5-3 三除数方式の人口による閾値と定数配分

図 5-2 において，アダムズ方式は，0 を筆頭に閾値（横線）が下の方に詰まっているため，大きめの除数が使われ，人口の少ない州の商が簡単に閾値を超え，多くの定数が人口の少ない州に配分されることになる．逆にドント方式においては，最初の閾値（横線）である 1 をはじめ，閾値が上の方に遠いため，小さめの除数が使われ，多くの定数が人口の多い州に配分されることになる．

図 5-3 は人口の棒グラフをそのままに，縦軸の目盛り（閾値）の方を変えたものである．当然のことながら各方式それぞれで同じ配分が達成されていることが確認できる．

Balinski and Young (1982, 邦訳 1987) は，同じ除数方式でも，商が小さい方の閾値が相対的に小さく，商が大きい方の閾値が相対的に大きい定数配分方法の方が，人口の少ない州に有利な計らいをすることを示し[2]，その命題[3]で，アダムズ方式，Dean 方式，アメリカ下院 (Hill) 方式，サンラグ (Webster) 方式，ドント (Jefferson) 方式が，この順に人口の少ない州を有利に計らうことを示

---
2 Balinski and Young (1982) の補論 A 定理 5.1 (p. 118)．
3 Balinski and Young (1982) の補論 A 命題 5.1 (p. 119)．

した。

　第2章「最大剰余方式」で，日本の数値例も使用して紹介したように，最大剰余方式は『人口増加県から人口減少県に定数を移す』あるいは『総定数を減らすと議席数（定数配分）が増える政党（県）が生じる』といったパラドックスを引き起こす。第3章「除数方式」で紹介したように，Balinski and Young（1982, 邦訳 1987）は，除数方式が人口パラドックスを引き起こさず，人口パラドックスを引き起こさない議席配分方法，議員定数配分方法は，除数方式のみであることを証明し，また，除数方式は，アラバマパラドックスも引き起こさない[4]ことを示している。人口パラドックスを起こさない定数配分方法が除数方式のみである以上，定数配分や比例代表制における議席配分の方法は，除数方式に絞られるべきだし，3.5節統合と分裂で紹介したように，ドント方式が各政党に下方取り分（得票の完全比例値である真の取り分の整数部分（切捨値））以上の議席を与えることを保証しながらも，「統合を促す」唯一の除数方式である以上，小党分裂による歪んだ voting power の発生が問題視される比例代表制における議席配分において，ドント方式以外の方式が採用されることがあってはならないであろう。

　アメリカ下院の定数配分に関しては，第4章で紹介したように，Huntington（1928）が現行のアメリカ下院方式（除数閾値幾何（相乗）平均方式）を推奨し，採用されたわけだが，Balinski and Young（1982, 邦訳 1987）は，Huntington（1928）の5つの方式を人口の少ない州を有利に取り計らう順に並べた，アダムズ方式，Dean 方式，アメリカ下院方式，サンラグ方式，ドント方式の中から，サンラグ方式（除数閾値算術（相加）平均方式）への変更を主張する。

5.2　州人口の多寡による偏りを引き起こさないサンラグ方式（Webster 方式）

　Balinski and Young（1982, 邦訳 1987）は，その序文に「彼（Huntington）は

---
[4] Balinski and Young（1982）の補論 A 定理 4.3（p. 117）。ちなみに第 2 章脚注 7 で紹介した新州パラドックスと呼ばれるパラドックスも引き起こさない（Balinski and Young（1982, 邦訳 1987）の第 8 章（原著 p. 70, 邦訳 p. 95 および補論 A））。

数値計算のデータに十分な注意を払わなかったために，結局，間違った結論を導いてしまった」と記し[5]，その第9章においていくつかのシミュレーションを示したうえで，サンラグ方式（Webster方式）が人口の多い州と人口の少ない州の間に偏りを引き起こさない唯一の除数方式であることを証明している[6]。さらに，2州間で1議席を移動させることによって両州のどちらもが真の取り分に近づくことがあってはならない[7]としたうえで，サンラグ方式（Webster方式）が唯一そのような性質を持つ除数方式であることを証明している[8]。

5.3 │ 定数配分方法としてのサンラグ方式（Webster方式）の限界

　サンラグ方式（Webster方式）が，人口の多い州と人口の少ない州の間に偏りを引き起こさない唯一の除数方式だからといって，安易な採用を声高に主張して大丈夫だろうか。特に，州ごとの政治的，経済的（財政的）独立性が高い連邦制において，安易な採用が大きな問題を引き起こす事が，カナダの例によって示すことができる。

　表5-1は，2021年の国勢調査人口によって，現行の総定数343を，ここまでに紹介してきた各種の定数配分方式によって配分したものである。

　カナダ北部にはNothwest Territories, Yukon, Nunavutの3つの準州があり，通常の地図で見ればもちろん，地球儀で見てもかなりの広大な面積を持つことが確認できる。サンラグ方式（Webster方式）が，もっとも比例配分に近いといっても，これらの準州への配分を0にしてよいかどうか，あるいは他の州に吸収合併させてよいかどうかは，連邦制をとる国においては問題となろう[9]。

5　ちなみに，補論Bの表が増えただけと言われるBalinski and Youngの2001年の新版だが，序文のこの記載は削除されている。Huntingtonの業績は電子計算機の生まれる前のものであり，さすがにこの評はfairではないと思われたのかもしれない。

6　Balinski and Young（1982）p.76（邦訳1987, p.103）および補論A定理5.3（p.125）。

7　ちなみに真の取り分は固定された基準であるので，それとの差は絶対差であっても相対差であっても同じことである（Balinski and Young（1982）第10章 p.82（邦訳1987, p.111），補論A定理6.2（p.132））。

8　Balinski and Young（1982, 邦訳1987）の補論A定理6.2（p.132）。

9　実際のカナダは，使用言語も異なる独立した州の集まりであることもあろう，祖父条項（grandfather clause）なども定められており，国民代表であると考えられる下院においても単純な人口比例配分が指向されているわけではないようである。（ただし，第二次安倍政権下で久々に現れた，

表 5-1 カナダの 2021 年国勢調査人口による定数配分のシミュレーション

総定数 343／ 2021 年国勢調査	人口	真の 取り分	最大剰余	アダムズ	Dean	アメリカ 下院	サンラグ	ドント
Ontario	14,223,942	131.89	132	129	131	131	132	133
Quebec	8,501,833	78.83	79	78	79	79	79	80
British Columbia	5,000,879	46.37	46	46	46	46	47	47
Alberta	4,262,635	39.52	40	39	39	39	40	40
Manitoba	1,342,153	12.44	13	13	12	12	12	12
Saskatchewan	1,132,505	10.5	11	11	10	10	11	10
Nova Scotia	969,383	8.99	9	9	9	9	9	9
New Brunswick	775,610	7.19	7	8	7	7	7	7
Newfoundland and Labrador	510,550	4.73	5	5	5	5	5	4
Prince Edward Island	154,331	1.43	1	2	2	2	1	1
Northwest Territories	41,070	0.38	0	1	1	1	0	0
Yukon	40,232	0.37	0	1	1	1	0	0
Nunavut	36,858	0.34	0	1	1	1	0	0
合計	36,991,981	343.00	343	343	343	343	343	343

現行のアメリカ下院方式（Hill 方式）では，最初の閾値が 0 であるために，確実に 1 議席が保証され，連邦制における定数配分においては，サンラグ方式（Webster 方式）に優越する点であるかもしれない[10]。われわれは，Huntington の 5 つの除数方式に縛られない検討が必要であると考えられるのである。

人口のより少ない県がより多い定数を持つ逆転配分などは，見ることができないようである。）
[10] ちなみに北欧の比例代表制などでは，最初の閾値のみを逆にいくばくか引き上げた修正サンラグ方式なるものが使われていたりする。これはドイツの比例代表制における阻止条項同様，あまりに小さな政党が過剰な Voting Power を持ち，政治を不安定にすることを抑えるための試みと考えられているが，比較的成熟した民主制を持つ北欧ならいざ知らず，第 3 章に記したように，比例代表制一般においては，Voting Power の問題を置いておいたとしても，ドント方式が望ましいものと考える。

6. 不平等を測り最小化する

較差

> 県への配分における較差最小化なら，
> アメリカ下院方式を導き，意味もあるが，
> いい加減な定数配分のあと，区割まで行った後での
> 選挙区間評価に使用しても，区割が苦しくなるだけ。
> Wada (2010)，和田 (2010)

ジニ係数

> 最小化は人口パラドックスを引き起こす。
> 和田 (2013b)

Loosemore-Hanby 指数（MAL）（L^1 norm）

> 最小化がもたらすのは最大剰余方式であり，
> 人口パラドックスやアラバマパラドックスを引き起こすうえ，
> そもそも Pigou-Dalton 条件すら満たしていないので
> 不平等指標としての資格がない。
> Wada and Kamahara (2018)

Gallagher 指数（L^2 norm）

> 最小化がもたらすのは最大剰余方式であり，
> 人口パラドックスやアラバマパラドックスを引き起こすうえ，
> 均等区割パラドックス（非一貫性パラドックス）も引き起こす。
> Wada and Kamahara (2018)

6.1 較差

日本では，選挙区 (ι) 間の一票の不平等を示すのに，最も虐げられた選挙区の議員1人あたりの人口 $\left(\max_\iota \dfrac{P_\iota}{a_\iota}\right)$ を，最も優遇された選挙区の議員1人あたりの人口 $\left(\min_\iota \dfrac{P_\iota}{a_\iota}\right)$ で割った値を使って示すことが多い。いわゆる一票の較差[1]と呼ばれるものである。

$$\frac{\max_\iota \dfrac{P_\iota}{a_\iota}}{\min_\iota \dfrac{P_\iota}{a_\iota}}$$

1人別枠方式，すなわち各県に1議席ずつ与えたうえで残りを最大剰余方式で配分する"1＋最大剰余方式"といった定数配分を行うと，人口の少ない県に，真の取り分[2]を大きく超える定数を与え，人口の多い県に，真の取り分に大きく届かない定数を与えることになる。

Wada（2010）が，2000年の国勢調査人口による2002年の区割結果によって示しているように，このような不平等な定数配分を各都道府県に対して行った後に，選挙区間の較差を抑えようとすると，過剰に定数を与えた県の，最少となる選挙区人口をできるだけ大きくし，また過少な定数しか与えなかった県の，最多となる選挙区人口をできるだけ小さくせざるをえなくなる。このような優遇された県，あるいは冷遇された県においては，均等な区割が行われ，県内較差が小さくなる。中間の適度な定数が与えられた県は，国全体の選挙区間の較

---

[1] 全般的な不平等を表す格差という用語に対し，最大値を最小値で割ったものは較差という字を使うことが多い。ちなみに一票の較差は $\dfrac{\max_\iota \dfrac{P_\iota}{a_\iota}}{\min_\iota \dfrac{P_\iota}{a_\iota}}$ で求められている（小選挙区の場合，議員数（a_ι）は1）が，これでは基準が主権者ではなく，代議員になる。たぶんそれが理由であろう，一人一票実現国民会議（https://www2.ippyo.org/）は，「あなたの一票は本当に何票でしょう？」として，一票の較差の逆数となる $\dfrac{\min_\iota \dfrac{a_\iota}{P_\iota}}{\max_\iota \dfrac{a_\iota}{P_\iota}}$ を示す。いわゆる一票の較差が2なら，この値は0.5である。より一票の不平等が気になる形になるのは，基準が代議員ではなく主権者たる自分自身になるからかもしれない。

[2] 総定数（H）のうちその県（j）の人口割合 $\left(\dfrac{P_j}{P}\right)$ 分，すなわち $H \times \dfrac{P_j}{P}$。

差に影響を与える可能性が少ないせいか，さまざまな県内較差を示す．

"1＋最大剰余方式"ほどではないにせよ，人口の少ない県を有利にするアダムズ方式でもそのような傾向は観察できる．2020年度国勢調査"日本人の人口"データと，アダムズ方式による定数配分を与えられた，衆議院議員選挙区画定審議会の2022年6月22日の勧告を基に，横軸に各県の"あなたの一票"（"日本人の人口"あたりの議員数が最大である鳥取県に対する比）をとり，縦軸に各県の県内の一票の較差（小選挙区の"日本人の人口"が県内最小である小選挙区と県内最大である小選挙区との比）をとったのが図6-1である．

289選挙区中1位，2位，5位の"日本人の人口"の小選挙区を作った福岡県，3位，7位の小選挙区を作った宮城県などの例外的な県[3]を除くと，一票の重みの重い県と軽い県において県内較差の小さい均等な区割が，中庸な県において県内較差の大きい奔放な区割が成されていることを示す，両側が低く中央が高い山型が見て取れると思う．

選挙区間の較差ではなく，各都道府県間の較差の最小化を目指して定数配分の最適整数解を算出すれば，第4章で示したように，一票の平等を厳しく問うアメリカ下院と同じ方式（Hill方式）による議員定数配分が得られる[4]わけだ

---

[3] Wada (2010) は，2000年の国勢調査人口，2002年の区割で，国際比較の中，同等の山型のグラフを描き，日本の特色としてあぶり出している．和田 (2010) は日本の過去に遡って同等のことを行っているが，不十分な定数是正のもと，選挙区間の較差に注目する日本では，このような山型が一貫して確認される．ただし，今回の区割の場合，特に福岡が特異な形で山型を崩している．共同通信の配信で，2023年7月30日付けの『東京新聞』をはじめとする地方紙各紙が，衆議院小選挙区画定審議会において，定数減の宮城県の区割で激しい議論があったことを報じているが，より大きな県内較差を生んでいる福岡県の区割の方がかなりおかしい．福岡1区と福岡4区の間では，web上からは人口データすらとれない福岡市東区の番地レベルに立ち入った再区割をしているのにもかかわらず，県西の福岡市の2区（全国1位），3区（全国7位）と，その南東に横たわる5区（全国2位）が，8区を挟んで反対側の，県内最少"日本人の人口"の11区（全国275位）とともに放置されているのである．当然，全国の選挙区間較差に多少の余裕を持たせるためには，区割ラインを東から西へ移しておくべきなのだが，これには間の8区が大きく影響を受けることとなる．麻生太郎自民党副総裁の選挙区である．ちなみに本書では，日本においてはより大きな問題である定数配分問題にとどまり，区割問題まで立ち入らないが，和田 (2012) が，当時唯一番地レベルまで踏み込んだ東京第9区と東京第10区の間の区割線に，自衛隊宿舎が絡んでいることを紹介している．また，坂口・和田 (2000, 2003), Sakaguchi and Wada (2008) は，グラフ理論を用いて最適区割の試みを行っている．

[4] もちろん，最も虐げられた選挙区の議員1人あたりの人口と，最も優遇された選挙区の議員1人あたりの人口の比だけでは配分が一意に決まるとは限らないわけで，第4章で行ったように，どの

6.1 較差　　　　　　　　　　　　　　　　　　　　　73

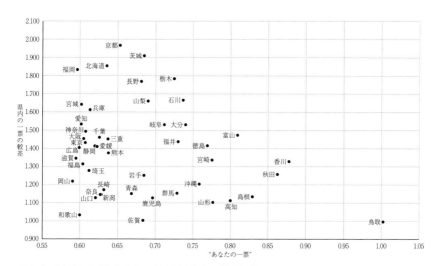

図 6-1　県ごとの"あなたの一票"と県内の一票の較差
出所：2020 年国調"日本人の人口"による 2022 年 6 月 22 日選挙区画定審議会勧告．

が，どういうわけか，各県への議員定数配分では，較差最小化が活用されない．複雑な作業が要求される区割と違い，各県への定数配分における較差最小化は，第 4 章でも示したように，簡単な計算で最適解が求められるのである．

そもそも，都道府県への定数配分において，アメリカ下院方式（Hill 方式）やサンラグ方式（Webster 方式）を使って，人口比例配分が目指されるならば，選挙区間の較差において，1：2 未満ならいい，1：3 までは許されるのではないかといった，ルーズな議論を登場させる必要性はない[5]．各県への定数配分において，較差最小化を用いるのならともかく，各県へいい加減な定数配分を

---

2 つの州に対しても，一方の州から他方の州へ 1 議席を移動するとき，1 議席あたり人口の比が悪化しないよう州の議席数を定めると行った形で悉皆的に行う必要があるが，計算方法は簡便である．

5　ただし，アメリカにおける一票の平等訴訟として有名な 1962 年 3 月 26 日の Baker v. Carr, 369 U.S. 186 は，区割に関わるものである．（アメリカ合衆国下院への定数配分は，その配分方法ゆえに，州の間の較差最小は必ず達成される．）同判決の効果で，現在，アメリカ下院の州内の選挙区割は完全均等分割か，人数差 1 になっている．（ちなみに，日本の都道府県議会の一票の較差は，「特例選挙区」などの恣意的なことを行わなければ，公職選挙法第 15 条の強制合区が，極端な不平等を防ぐということになっている．ただし，農村部 1 人区（小選挙区）同士を合区し，その分を県庁所在地等の複数代表を選ぶ都市部大選挙区にまわす形になることが多いので，うまく行われていないようなところも見受けられる．）

与え，選挙区割まで行ってしまってから較差を問うのはやめた方がよい。

6.2 ジニ係数

資産や所得の不平等を評価するのに最もよく使われてきた指数が，ジニ係数である。ジニ係数は，横軸に貧困層から富裕層に至る人口の累積相対度数，縦軸に累積配分比率をとったローレンツ曲線と，完全比例（完全平等）を示す $45°$ 線との間の面積を，$45°$ 線が作る直角 2 等辺三角形の面積で割った，0 と 1 の間の指数として説明されることが多いが，数理的には，任意にとった 2 人の人間の資産や所得の相対値の期待絶対差から定義される[6]。社会の総人口を P，総資産を H，K 個の階層があるとして，それぞれの人口を (P_j)，資産を (a_j) とすると

$$\frac{1}{2}\sum_{s=1}^{K}\sum_{t=1}^{K}\frac{P_s}{P}\frac{P_t}{P}\left|\frac{\frac{a_s}{H}}{\frac{P_s}{P}}-\frac{\frac{a_t}{H}}{\frac{P_t}{P}}\right|$$

となる。

総定数を H として，この指数を最小化するような整数解 (a_i) を定数配分とするアイデアは，生まれてきても不思議はない。しかし，ジニ係数を最小化する整数解も，人口パラドックスから逃れられない。表 6-1 をご覧いただきたい。最大剰余方式の際にも使った総定数 7 の数値例であるが，ジニ係数最小化が与える定数配分は当初，甲案 (3,3,1) である。しかし，表 6-2 にあるように，10 年後にジニ係数最小化が与える定数配分は，人口が増加した B 州の定数を 3 から 2 に減らし，人口が減少した C 州の定数を 1 から 2 に増やす乙案 (3,2,2) となる。人口の変動による議席の増減は必ず表面化するので，このような人口パラドックスを引き起こす定数配分方法が，政治的に耐えられることはないものと考えられよう[7]。

---

[6] ローレンツ曲線を経由した説明と期待絶対差による定義との同値性は数学的に証明することができる。

[7] ちなみに人口の割合 (P_i/P) の分布と議席割合 (a_i/H) の分布を近づけるという意味で，コサイン類似度の最適化というアイデアも生まれるかもしれないがこれもダメである。Wada (2010)，和田 (2013b) が人口パラドックスを引き起こす例を紹介している。

表 6-1　総定数（H=7）の配分

	人口 P_j	真の取り分 $H\times(P_j/P)$	定数配分甲案〈ジニ係数最小化〉	定数配分乙案
A 州	990	2.746	3	3
B 州	954	2.646	3	2
C 州	580	1.609	1	2
合計	2524	7.000	7	7
ジニ係数			0.093	0.106

表 6-2　10 年後の人口に基づく総定数（H=7）の配分

	人口 P_j	真の取り分 $H\times(P_j/P)$	定数配分甲案	定数配分乙案〈ジニ係数最小化〉
A 州	1212	3.094	3	3
B 州	960	2.451	3	2
C 州	570	1.455	1	2
合計	2742	7.000	7	7
ジニ係数			0.104	0.102

6.3　Loosemore-Hanby 指数（*MAL*）

　政治学者が一票の不平等の状況を表す指数としてしばしば使うものに，Loosemore-Hanby 指数[8]あるいは *MAL*[9] と呼ばれるものがある。要は各州の人口の割合 $\left(\frac{P_j}{P}\right)$ と議席配分の割合 $\left(\frac{a_j}{H}\right)$ のマンハッタン距離（L^1 norm）の $\frac{1}{2}$ 倍である。

$$\frac{1}{2}\sum_{j=1}^{K}\left|\frac{a_j}{H}-\frac{P_j}{P}\right|$$

　第 2 章「最大剰余方式」で紹介したように，Loosemore-Hanby 指数の本質はマンハッタン距離，L^1 norm であるから，この指数を最小化する配分は最大剰余方式によるものとなる。実際のところ，表 6-1，表 6-2 における数値例は Loosemore-Hanby 指数最適化においても人口パラドックスを示す[10]。それだけ

---

[8] Loosemore and Hanby（1971）.
[9] Samuels and Snyder（2001）.
[10] 当初の表 6-1 の数値例だと，甲案 0.08694＜乙案 0.09226 だが，表 6-2 が示す 10 年後には甲案 0.07846＞乙案 0.07784 となる。

でなく，Wada and Kamahara（2018）は，Loosemore-Hanby 指数が「比較的に貧しい個人から比較的に富裕な個人への所得移転は，必ず不平等度を拡大する」という Pigou-Dalton 条件[11]すら満たしていないことを紹介しており，Loosemore-Hanby 指数はそもそも不平等指数として失格のレッテルを貼ってもよいものなのかもしれない。

6.4 Gallagher 指数

アイルランドの高名な政治学者である Gallagher は，同じく各州の人口の割合 $\left(\frac{P_j}{P}\right)$ と議席配分の割合 $\left(\frac{a_j}{H}\right)$ を用いて下記のような指数を提案した[12]。

$$\sqrt{\frac{1}{2}\sum_{j=1}^{K}\left(\frac{a_j}{H}-\frac{P_j}{P}\right)^2}$$

お馴染みのユークリッド距離の $\sqrt{\frac{1}{2}}$ 倍であるが，ユークリッド距離が L^2 norm である以上，この指数も人口パラドックスから逃れられない[13]。

すでに Wada and Kamahara（2018）が指摘していることだが，Gallagher 指数は 2.4 節で紹介した均等区割パラドックス（非一貫性パラドックス）も引き起こす。表 6-1 の例で，州単位の Gallgher 指数を求めると，甲案 0.07563＜乙案 0.08049 で甲案が望ましいと出るが，各州が与えられた定数で均等区割をした小選挙区単位の Gallgher 指数を求めると，甲案 0.06653＞乙案 0.05594 となり，望ましさが逆転する。州のレベルで最も望ましいとされた案が，完全な均等区割をしたのにもかかわらず実際に選挙が行われる小選挙区レベルでは望ましいものではなくなってしまうというのでは，人と人との平等を判断する指数とはいえないのである[14]。

---

[11] Sen（1973）.
[12] Gallagher（1991）.
[13] 当初の表 6-1 の数値例だと，甲案 0.07563＜乙案 0.08049 だが，表 6-2 が示す 10 年後には甲案 0.07268＞乙案 0.07206 となる。
[14] ちなみに，コサイン類似度の最適化でも同等の結果が得られる。州単位では甲案 0.9858＞乙案 0.9814 で，甲案の方が 1 に近く，定数配分割合が人口割合により近いと出るが，各州が与えられた定数で均等区割した後では甲案 0.97039＜乙案 0.9788 となり，乙案の方が 1 に近く望ましいということになる。

7. 人と人との平等〜個人還元主義の貫徹

Veli of Ignorance（無知のヴェール）

アダムズ
1＋ドント
切上
閾値下限

Adams

ロールズ

アメリカ下院

閾値幾何平均
閾値相乗平均

Hill

閾値対数平均

平均対数偏差
ナッシュ

閾値 identric 平均

Theil 指数
ベンサム

サンラグ
四捨五入
閾値算術平均
閾値相加平均

Webster
$\frac{1}{2}$ 変動係数^2

ドント
切捨
閾値上限

Jefferson

イラスト出典：https://www.irasutoya.com/p/faq.html

7.1 期待効用，無知のヴェールと，社会的厚生関数

第4章で紹介したように，Huntington（1928）は，州と州との何らかの形での"差"の最小化の網羅的検討から5つの除数方式を導き，現行のアメリカ下院方式（Hill方式）がその中で最も望ましいと主張した。また，第5章で紹介したように，Balinski and Young（1982，邦訳1987）は人口の多い州と人口の少ない州の取り扱いが平等になることを基準に，現行のアメリカ下院方式ではなく，サンラグ方式（定数配分の際にはWebster方式と呼ばれることが多い）が最適であることを示した。さらに，第2章や第6章で紹介した，州の真の取り分 $\left(\frac{P_j}{P}H\right)$ と州への実際の定数配分 (a_j)，あるいはそれと数学的に同値である，州の人口割合 $\left(\frac{P_j}{P}\right)$ と州の定数割合 $\left(\frac{a_j}{H}\right)$ の"距離"を最小化する最大剰余方式[1]をはじめとする定数配分の工夫は，人口パラドックスや非一貫性パラドックス（均等区割パラドックス）を引き起こすわけだが，これらも，たとえ公平の基準が人口割合であったとしても，同等の重みを持って取り扱われる個々の座標が州である以上，州と州の間の公平性にこだわっていたと考えられる[2]。

"0. はじめに"でも述べたように，一票の平等とは，その英文におけるフレーズ "One Person, One Vote, One Value" が示すように，個人と個人との平等に基づかなければならない。たとえ人口を州と州の間の公平性の基準に使ったとしても，州と州との間の公平性を問う限り，2.4節の均等区割パラドックス（非一貫性パラドックス）で示したように，区割を経て個人に至るところでその公平基準が崩壊したりするからである。むろん，アメリカの州ほどの経済的

---

1 Birkoff（1976）が示したように，いわゆる一般的な距離であるユークリッド距離（L^2 norm）やマンハッタン距離（L^1 norm）などを含む L^p norm $\left(\sum_{j}^{K}\left|a_j-\frac{P_j}{P}H\right|^p\right)^{1/p}$ を最小化する。（j 州の人口割合の部分が大文字の P，L^p norm の指数部分のパラメータが小文字の p で表されていることに注意していただきたい。）

2 L^2 norm であるユークリッド距離 $\left(\left(\sum_{j}^{K}\left(a_j-\frac{P_j}{P}H\right)^2\right)^{1/2}\right)$ であっても，L^1 norm であるマンハッタン距離 $\left(\sum_{j}^{K}\left|a_j-\frac{P_j}{P}H\right|\right)$ であっても，真の取り分 $\left(\frac{P_j}{P}H\right)$ からの実際の定数配分 (a_j) への距離を計算するにあたって，州にあたる個々の j 項が同じ重みで足し合わされているに過ぎないことを確認したい。

（財政的）自立性もない日本の都道府県や，恣意的に作られた衆院比例ブロック3間の公平などを持ち出して，人と人との平等が蔑ろにされるようなことがあってはならないのである。

人と人との間の公平性を追求するために，いかなる方法がとられるべきか。日本政治には我田引鉄という言葉があり，英語にはPork Barrel Politicsという言葉がある。自己中心（selfishness）はいかなる社会にも存在する[4]と思われるので，一票の平等のような規範論を語るためには，個々の人間の立場を消し去って論ずる必要がある。

近代経済学[5]において公平の問題を扱う術として，無知のヴェール（veil of ignorance）という思考実験がある。立憲段階（constitutional stage）において制度や公平性の規範を定める際には，立憲後段階（定数配分等のルール，制度が定まった後の段階（post-constitutional stage））の自分の立場がどの立場になるかわからないようにして公平を問うというものである。本章ではWada（2012），Wada（2016）を再整理して，個人還元主義に適う，人と人との平等をもたらす定数配分法，そしてそれはここまでわれわれを悩ましてきたパラドックスを

---

3 直接的な鉄路で結びついた中国地方，四国地方がそれぞれ独立のブロックにされたのにもかかわらず，中国地方より多くの人口を持つ神奈川県と，四国地方より多くの人口を持つ千葉県が，日々の通勤も多い東京都と切り離されるだけでなく，山梨県共々，直接的な鉄路によってつながってもいないのにもかかわらず，3県一緒にされたのは全く謎である。特に，安倍晋三（中国ブロック，山口4区選出）内閣のもと，ブロックに対する定数配分にまでも，くっつけられればくっつけられるほど不利になるアダムズ方式が導入されたことを考え合わせると大問題である。

4 2010年の国勢調査の結果を蔑ろにし，果ては2015年の国勢調査ではアダムズ方式ですら定数3であった山口県衆院小選挙区の配分4を，0増5減，0増6減などの，府県間の逆転配分すら無視した糊塗を繰り返すことにより守り切った安倍晋三内閣総理大臣（当時，山口4区選出），さまざまな基準（堀田・根本・和田（2019）を参照されたい）からしても，参院選挙区選挙において福井県との合区を行い，せめて当日有権者数による較差1：3未満にしなければならなかったのに，この合区すらさせなかったとされる森喜朗氏（石川2区からは2012年に引退したもののその後も政界において力を発揮），鳥取県との合区は免れなかったものの徳島県・高知県とともに参院比例区に特定枠を設置した細田博之氏（後の衆議院議長，島根1区選出）等，日本の選挙制度に関しては，清和会（安倍派）を中心にした露骨な政治家の介入が確認できるが，人口の多い州に有利なドント方式に相当する配分方式を主張したThomas Jeffersonは当時人口最大のVirginia州出身だし，人口の少ない州に有利なアダムズ方式を示したJohn Quincy Adamsは，人口面では押されいたNew EnglandのMassachusetts州出身なので，日本の政治家の力業の拙劣は指摘できても，政治家，あるいは人間の本質はそう変わるものではないように思われる。（なお，アメリカの定数配分の歴史に関してはBalinski and Young（1982，邦訳1987）が詳しい。）

5 最近では主流派経済学と呼ばれる方が多いかもしれない。

引き起こさない定数配分法でもあるわけだが，を追究する。

iという立場の人の資産がy_iであると与えられて，自分がP人の社会の中でどの立場になるかわからないとするならば，効用関数$u(\cdot)$を持つ人は下記のようなフォン・ノイマン＝モルゲンシュテルン型の期待効用の最大化を目指すと考えられる。

$$E(u(y_i))=\sum_{i=1}^{P}\frac{1}{P}u(y_i)$$

Pは定数なので，P倍してもこの値を最大化する資産分布(y_i)は変わらないが，P倍することにより，この目的関数は，人々の効用和として定められる個人還元主義的な社会的厚生関数[6]とみなすこともできる。

$$W=\sum_{i=1}^{P}u(y_i)$$

無知のヴェールという思考実験から示唆されることは，効用関数の形状がどのようなものであっても，限界効用逓減（$u'>0, u''<0$），すなわち危険回避的であるならば，再分配肯定的な規範が生まれるはずであるということであるが，議員定数配分のような具体的な値を求めていくためには，効用関数の関数型の特定化が必要となる。

7.2 相対的危険回避度一定の効用関数

ファイナンスのような現場に近い分野でも，このような思考実験の場でも，経済学者が効用関数の特定化に最もよく使うのが相対的危険回避度一定の効用関数である。

確実性のために，資産（あるいは所得）を減じてもよい割合を相対的リスクプレミアム[7]というが，相対的危険回避度とは，そこからリスクの度合いを表す分散に関わる部分を取り除いたもので，資産の変化率に応じた限界効用の変

---

[6] 効用和という点に光を当てて，功利主義的な社会的厚生関数と呼ばれることも多いが，重要なのは，それぞれの立場の個人が一つの項としてきちんと分離可能な点なので個人還元主義的という用語を採用した。
[7] 資産変数Yに対して相対的リスクプレミアムπは一般に$E[u(Y)]=u((1-\pi)E(Y))$のように定められる。

表 7-1　相対的危険回避度一定の効用関数

相対的危険回避度一定の効用関数 $u^\varepsilon(y_i)=\dfrac{1}{(1-\varepsilon)}(y_i^{(1-\varepsilon)}-1)$			$\varepsilon\to 1$ $u^1(y_i)=\ln y_i$		

化率 $\left(-\dfrac{\dfrac{\triangle u'}{u'}}{\dfrac{\triangle y}{y}}\right)$ である，限界効用の資産弾力性 $\left(\varepsilon=-\dfrac{\dfrac{du'}{dy}}{\dfrac{u'}{y}}\right)$ で表される[8]。相対的危険回避度が一定であるということは，単位や資産の大きさにより相対的危険回避度 (ε) が影響を受けず一定の値を取るという性質を持つわけで，無知のヴェール下の思考実験にふさわしい効用関数ということになる。

相対的危険回避度一定の効用関数は，ε をパラメータとして下記のように表される。

$$u^\varepsilon(y_i)=\frac{1}{(1-\varepsilon)}(y_i^{(1-\varepsilon)}-1) \qquad \varepsilon\neq 1$$

$\varepsilon\to 1$ のケースは，ロピタルの定理により下記のような形として導出され，相対的危険回避度が1であることも確認できる。関数型がシンプルなこともあるかもしれないが，この形状は心理学におけるウェーバー＝フェフィナー法則 (Weber-Fechner law)[9] と一致することもあり，最も採用頻度が高いといっても間違いないと思う。

$$u^1(y_i)=\ln y_i \qquad \varepsilon\to 1$$

---

[8] 資産がある特定の値 y から確率変数 z 倍になるとすると，$E[u(zy)]=u((1-\pi)y)$ である。z の期待値（平均）が1，分散が σ_z^2 であるとしてリスクプレミアム π を定式化すると，y の周りで変動幅の大きい左辺を2階，小さい右辺を1階のテイラー展開し，$\pi=\left(\dfrac{1}{2}\sigma_z^2\right)\times\left(-\dfrac{u''y}{u'}\right)$ を得る。前項がリスクの度合いを表す分散に関わる部分であり，後項が効用関数 ($u(\cdot)$) の形状によって定まる限界効用 (u') の資産弾力性である。後者は（同じリスクの度合い（前項）に対して）リスクプレミアム π の大小を定める相対的危険回避度と呼ばれる。

[9] 人間の感覚の大きさは，受ける刺激の強さの対数に比例するという心理学において広く知られている法則。

7.3　Atkinson 型社会的厚生関数～ロールズ，ナッシュ，ベンサム

相対的危険回避度一定の効用関数に基づく期待効用関数により築かれた社会的厚生関数を，(Kolm-)Atkinson 型社会的厚生関数という。

$$W^\varepsilon = \sum_{i=1}^P \frac{1}{(1-\varepsilon)}(y_i^{(1-\varepsilon)}-1) \qquad \varepsilon \neq 1$$

$\varepsilon=0$ とすると

$$W^0 = \sum_{i=1}^P (y_i - 1)$$

のような形になるが，この社会的厚生関数を最大にする (y_i) は

$$W^0 = \sum_{i=1}^P y_i$$

と同等なので，通常この形を使い，ベンサム型社会的厚生関数と呼ばれる。

$\varepsilon \to 1$ とした相対的危険回避度 1 に基づく社会的厚生関数

$$W^1 = \sum_{i=1}^P \ln y_i$$

は，協力ゲームにおけるナッシュ交渉解[10]に因んで，ナッシュ型社会的厚生関数と呼ばれ，性質が良い[11]ことが知られているが，対数関数を使わず，積の形

$$W^1 = \prod_{i=1}^P y_i$$

で表されることも多いかもしれない。

なお，$\varepsilon \to \infty$ とした相対的危険回避度無限大のケースは，最悪の状態のみを気にすることになることに因み，ロールズ型社会的厚生関数と呼ばれる。

$$W^\infty = \min y_i$$

表 7-2 にまとめた Atkinson 型社会的厚生関数をそのまま使った形の，Atkin-

---

[10] Nash（1950）。広く認めやすい5つの公理から導かれた交渉解。同じ John Nash の業績だが，非協力ゲームにおけるナッシュ均衡とは全く別概念である。

[11] Kaneko and Nakamura（1979），金子（1980）。

表7-2 Atkinson型社会的厚生関数

相対的危険回避度一定の効用関数 $u^\varepsilon(y_i)=\dfrac{1}{(1-\varepsilon)}(y_i^{(1-\varepsilon)}-1)$		$\varepsilon\to 1$ $u^1(y_i)=\ln y_i$	$\varepsilon=0$ $u^0(y_i)=y_i$	
最大化されるべき Atkinson型社会的厚生関数 $W^\varepsilon=\sum_{i=1}^P\dfrac{1}{(1-\varepsilon)}(y_i^{(1-\varepsilon)}-1)$	ロールズ型 $W^\infty=\min(y_i)$	ナッシュ型 $W^1=\sum_{i=1}^P \ln y_i$	ベンサム型 $W^0=\sum_{i=1}^P y_i$	

son尺度（Atkinson Index）という形で不平等の状況を表す[12]こともあるが，昨今，World Bankや日本の官公庁などでもよく使われる不平等指数は，以下のような一般化エントロピー（一般化エントロピー）の形にしたものである。

7.4 一般化エントロピー〜平均対数偏差，タイル指数，平方変動係数

Atkinson型社会的厚生関数を，もともとの無知のヴェール下の期待効用に戻そう。

$$\sum_{i=1}^P \frac{1}{P} u(y_i) = \sum_{i=1}^P \frac{1}{P}\frac{1}{(1-\varepsilon)}(y_i^{(1-\varepsilon)}-1) \qquad \varepsilon\neq 1$$

社会の総資産 $H=\sum_{i=1}^P y_i$ を構成員の人数 P で割った平均資産 $\left(\dfrac{H}{P}\right)$ でそれぞれの立場における資産 y_i を割り，資産の平均からの逸脱を相対化したものとする。

$$\sum_{i=1}^P \frac{1}{P} u\left(\frac{y_i}{\frac{H}{P}}\right) = \sum_{i=1}^P \frac{1}{P}\frac{1}{(1-\varepsilon)}\left(\left(\frac{y_i}{\frac{H}{P}}\right)^{(1-\varepsilon)}-1\right) \qquad \varepsilon\neq 1$$

次に $\left(\dfrac{1}{(-\varepsilon)}\right)<0$ を乗じる。小さい値の方が望ましいことになる。

---

[12] Atkinson尺度（A）は，資産（所得）が確実に平均値（期待値，$\bar{y}$）をとるならば，どのくらいの割合（A）を差し引いても，さまざまな資産をとる際の期待効用と同じになるかというアイデアであり，限界効用逓減のもとでは，当然，差し引く割合（A）が大きいほど資産のばらつきが大きいことを意味する。数式で示すと，$\varepsilon\neq 1$ の場合，$\dfrac{1}{P}\sum_{i=1}^P \dfrac{1}{(1-\varepsilon)}(y_i^{(1-\varepsilon)}-1)=\dfrac{1}{(1-\varepsilon)}(((1-A)\bar{y})^{(1-\varepsilon)}-1)$ であり，$A=1-\left(\dfrac{1}{P}\sum_{i=1}^P\left(\dfrac{y_i}{\bar{y}}\right)^{(1-\varepsilon)}\right)^{\frac{1}{1-\varepsilon}}$。$\varepsilon\to 1$ の場合，$\dfrac{1}{P}\sum_{i=1}^P \ln y_i=\ln(1-A)\bar{y}$ であり，$A=1-\left(\prod_{i=1}^P \dfrac{y_i}{\bar{y}}\right)^{\frac{1}{P}}$。

7.4 一般化エントロピー〜平均対数偏差，タイル指数，平方変動係数

$$\frac{1}{(-\varepsilon)}\sum_{i=1}^{P}\frac{1}{P}u\left(\frac{y_i}{\frac{H}{P}}\right)=\sum_{i=1}^{P}\frac{1}{(1-\varepsilon)}\frac{1}{(-\varepsilon)}\frac{1}{P}\left(\left(\frac{y_i}{\frac{H}{P}}\right)^{(1-\varepsilon)}-1\right) \quad \varepsilon\neq 0,1$$

$\alpha=(1-\varepsilon)$ と置き換えると一般化エントロピーと呼ばれる指数が得られる。この値は，平均値，ここでは1人あたり資産 $\left(\frac{H}{P}\right)$，からの各人の資産 (y_i) の拡散具合（entropy）あるいは逸脱を示す。全員の1人あたり資産 (y_i) が平均値であるところの $\left(\frac{H}{P}\right)$ である，全く散らばっていない，完全に逸脱していない公平な状況が0で，拡散，逸脱が大きくなるほど不平等な状況を示すことになる。

$$GE^{\alpha}=\sum_{i=1}^{P}\frac{1}{\alpha}\frac{1}{(\alpha-1)}\frac{1}{P}\left(\left(\frac{y_i}{\frac{H}{P}}\right)^{\alpha}-1\right) \quad \alpha\neq 0,1$$

$\alpha\to 0$ のケースはロピタルの定理で導出されるが，$\varepsilon\to 1$ のナッシュ型社会的厚生関数に対応し，平均対数偏差（Mean Log Deviation）と呼ばれる。

$$GE^{0}=\sum_{i=1}^{P}\frac{1}{P}\ln\left(\frac{\frac{H}{P}}{y_i}\right) \quad \alpha\to 0$$

また，$\alpha\to 1$ のケースもロピタルの定理で導出され，$\varepsilon\to 0$ のベンサム型社会的厚生関数に対応するが，こちらは統計学者の名前が冠されて，タイル指数（Theil Index）と呼ばれる。

$$GE^{1}=\sum_{i=1}^{P}\frac{1}{P}\frac{y_i}{\frac{H}{P}}\ln\frac{y_i}{\frac{H}{P}} \quad \alpha\to 1$$

この2つの一般化エントロピーは，World Bank や日本の官公庁の資料でも使用されるようになってきている不平等の指数であり，いずれも平均からの拡散のない，逸脱のないことを示す0が最も平等ということになる。

官公庁等で実際に使われる際，ローレンツ曲線，ジニ係数のケースがそうであるように，与えられる資産や所得のデータが個々の人間のものではなく，階層あるいは地域の集計データであることはしばしばである。いま，K 個ある階層（地域）j の資産（所得）のそれぞれの総計が a_j であり，それぞれの階層

（地域）の人口が P_j といった形で与えられたとしよう。各階層（地域）の資産はその中では均等であるとみなす。その場合，無知のヴェール下で所属する階層（地域）が決まるならば，各階層（地域）j に決まる確率はそれぞれ $\left(\frac{P_j}{P}\right)$ なので，最大化されるべき期待効用は

$$E\left(u\left(\frac{a_j}{P_j}\right)\right) = \sum_{j=1}^{K} \frac{P_j}{P} u\left(\frac{a_j}{P_j}\right)$$

であり，総人口である P を乗ずることによって最大化されるべき社会的厚生関数とするならば

$$W(a_j, P_j) = \sum_{j=1}^{K} P_j u\left(\frac{a_j}{P_j}\right)$$

といった形で表現されよう。

そして，このような集計されたデータを扱う場合，最小化されるべき一般化エントロピーは

$$GE^\alpha(a_j, P_j) = \sum_{j=1}^{K} \frac{1}{\alpha} \frac{1}{(\alpha-1)} \frac{P_j}{P}\left(\left(\frac{\frac{a_j}{P_j}}{\frac{H}{P}}\right)^\alpha - 1\right) \quad \alpha \neq 0, 1$$

である。

ちなみに，ナッシュ型社会的厚生関数（$\varepsilon \to 1$）に対応する平均対数偏差（$\alpha \to 0$）およびベンサム型社会的厚生関数（$\varepsilon \to 0$）に対応するタイル指数（$\alpha \to 1$）は下記となる。

平均対数偏差（Mean Log Deviation, MLD）

$$GE^0(a_j, P_j) = \sum_{j=1}^{K} \frac{P_j}{P} \ln\left(\frac{\frac{H}{P}}{\frac{a_j}{P_j}}\right) \quad \alpha \to 0 \text{（ロピタルの定理で導出）}$$

タイル指数（Theil Index）

$$GE^1(a_j, P_j) = \sum_{j=1}^{K} \frac{P_j}{P} \frac{\frac{a_j}{P_j}}{\frac{H}{P}} \ln \frac{\frac{a_j}{P_j}}{\frac{H}{P}} \quad \alpha \to 1 \text{（ロピタルの定理で導出）}$$

7.4 一般化エントロピー〜平均対数偏差,タイル指数,平方変動係数

これ以外に,危険回避的あるいは危険中立的な効用関数には対応しないのだが,変動係数(Coefficient of Variation, CV),あるいは自乗した値である平方変動係数(Squared Coefficient of Variation, SCV)が不平等指数として使用されることもある[13]。$\alpha=2$ の一般化エントロピーが,人口1人あたりの資産(所得)の平方変動係数の $\frac{1}{2}$ に等しいことが確認できる。

$\frac{1}{2}$ 平方変動係数($\frac{1}{2}$ SCV)

$$\mathrm{GE}^2(a_j, P_j) = \sum_{j=1}^{K} \frac{1}{2} \frac{P_j}{P} \left(\left(\frac{\frac{a_j}{P_j}}{\frac{H}{P}} \right)^2 - 1 \right)$$

$$= \frac{1}{2} \left(\frac{\sqrt{\sum_{j=1}^{K} \frac{P_j}{P} \left(\frac{a_j}{P_j} - \frac{H}{P} \right)^2}}{\frac{H}{P}} \right)^2 = \frac{1}{2} \mathrm{SCV} \qquad \alpha=2$$

また,双対平方変動係数(dual scv)のようなものも考えることができる。こちらは危険回避的な効用関数($\varepsilon=2$)に対応するわけだが,$\alpha=-1$ の一般化エントロピーが,双対平方変動係数の $\frac{1}{2}$ に等しいことが確認できる[14]。

---

[13] 全国家計構造調査にはジニ係数,平均対数偏差(MLD)などとともに平方変動係数(SCV)の記載がある(https://www.e-stat.go.jp/dbview?sid=0003195413,2024年8月11日確認)。

なお,Atkinson尺度は,通常使われる相対的危険回避度1の効用関数の場合,平均対数偏差と同等である。また,たぶん一番有名なジニ係数は,第6章で示したように定数配分のための整数値最適解として,最大剰余方式同様の人口パラドックスを引き起こすので,本書では検討の対象外となる。なお,家計構造調査の場合,"家計"に対し"既定の"調整を行うわけだが,この調整方法は,人と人の平等を最重要なものとする本書の考え方とは相容れないところがある。(ちなみに,方法論的個人主義に適う,二分二乗法,N 分 N 乗法といった所得税のアイデアが,日本国内においても,専門家からマスコミレベルに降りてきている感じもするが「すべて国民は,個人として尊重される」という本書を通底する平等感(人と人との平等)に呼応するものとなる。マイナンバーの当該個人口座への紐付けも同様である。ちなみに累進所得税のもと,二分二乗法は婚姻を奨励し,N 分 N 乗法は特に高所得層の子沢山を奨励することが知られている。)

[14] もちろん議員1人あたりの人口の平均からの逸脱を表す平方変動係数の $\frac{1}{2}$ と見ることはできるわけだが,本章のスタート時点の無知のヴェールでの議論で扱ったように,"a"pportionment(定数配分)ではなく,"a"sset(資産)だった場合,1人あたりの資産と,単位資産あたりの人口を同じように扱うのは適当ではないと思われるので,ここでは双対(dual)という形で扱うことにしておく。そもそも主権者は国民であって代議士ではないということも明確にしておきたい。

表 7-3　主な一般化エントロピーと呼応する Atkinson 型社会的厚生関数

相対的危険回避度一定の効用関数 $u^\varepsilon(y_i)=\dfrac{1}{(1-\varepsilon)}(y_i^{(1-\varepsilon)}-1)$			$\varepsilon\to1$ $u^1(y_i)=\ln y_i$	$\varepsilon=0$ $u^0(y_i)=y_i$	
最大化されるべき Atkinson 型社会的厚生関数 $W^\varepsilon=\sum_{i=1}^P\dfrac{1}{(1-\varepsilon)}(y_i^{(1-\varepsilon)}-1)$	$\varepsilon\to\infty$ ロールズ型 $W^\infty=\min(y_i)$	$\varepsilon\to1$ ナッシュ型 $W^1=\sum_{i=1}^P\ln y_i$	$\varepsilon=0$ ベンサム型 $W^0=\sum_{i=1}^P y_i$	
最小化されるべき一般化エントロピー $GE^\alpha=\sum_{j=1}^K\dfrac{1}{\alpha}\dfrac{1}{(\alpha-1)}\dfrac{P_j}{P}\left(\left(\dfrac{\frac{a_j}{P_j}}{\frac{H}{P}}\right)^\alpha-1\right)$	$\alpha\to-\infty$ $\max_j\dfrac{P_j}{a_j}$	$\alpha=-1$ $\dfrac{1}{2}$ 双対平方変動係数	$\alpha\to0$ 平均対数偏差	$\alpha\to1$ タイル指数	$\alpha=2$ $\dfrac{1}{2}$ 平方変動係数	$\alpha\to\infty$ $\max_j$

$\dfrac{1}{2}$ 双対平方変動係数（$\dfrac{1}{2}$ dual scv）

$$GE^{-1}(a_j,P_j)=\sum_{j=1}^K\dfrac{1}{2}\dfrac{P_j}{P}\left(\left(\dfrac{\frac{a_j}{P_j}}{\frac{H}{P}}\right)^{-1}-1\right)$$

$$=\dfrac{1}{2}\left(\dfrac{\sqrt{\sum_{j=1}^K\dfrac{a_j}{H}\left(\dfrac{P_j}{a_j}-\dfrac{P}{H}\right)^2}}{\dfrac{H}{P}}\right)^2=\dfrac{1}{2}\text{dual SCV}\qquad\alpha=-1$$

なお，Rawls 型の社会厚生関数（$\varepsilon\to\infty$）に呼応する $\alpha\to-\infty$ においては，資産あたりの人口が最も多い階層に着目する

$$\max_j\dfrac{\frac{P_j}{a_j}}{\frac{P}{H}}\quad\text{あるいは}\quad\max_j\dfrac{P_j}{a_j}$$

が，最小化すべき目的関数として使用できる．
また，$\alpha\to\infty$ も，人口あたりの資産が最も多い階層に着目する

$$\max_j\dfrac{\frac{a_j}{P_j}}{\frac{H}{P}}\quad\text{あるいは}\quad\max_j\dfrac{a_j}{P_j}$$

が，最小化すべき目的関数として使用できる．
本節で紹介した一般化エントロピーを表 7-3 にまとめておこう．

7.5 一般化エントロピーの最小化から導かれる除数方式

人口あたりの議員数の平均からの拡散,逸脱である一般化エントロピー

$$\mathrm{GE}^{\alpha}(a_j, P_j) = \sum_{j=1}^{K} \frac{1}{\alpha} \frac{1}{(\alpha-1)} \frac{P_j}{P} \left(\left(\frac{\frac{a_j}{P_j}}{\frac{H}{P}} \right)^{\alpha} - 1 \right)$$

を最小化する形での定数配分を考えてみよう。

ここにおいて,K は州の数,P_j は各州の人口,$P = \sum_{j=1}^{K} P_j$ は総人口で変わらないが,a_j は各州の資産ではなく定数配分,$H = \sum_{j=1}^{K} a_j$ も総資産(総所得)ではなく総定数であり,"あなたの一票" $\left(\frac{a_j}{P_j}\right)$ の平均 $\left(\frac{H}{P}\right)$ からの逸脱,拡散具合をできるだけ抑えようという試みとなる。

a_j が,人口 P_j に比べてもはるかに細かく分割可能で,任意の有理数をとることができるとみなせる資産の場合,a_j を人口 P_j の完全比例値 $\left(a_j = \frac{P_j}{P}H, \frac{a_j}{H} = \frac{P_j}{P}, \frac{a_j}{P_j} = \frac{H}{P}\right)$ にすれば,最小値 0 が得られる。しかし,ここでわれわれが動かせるのは,人口よりはるかに小さい整数値である議員定数 $\left(a_j, \sum_{j=1}^{K} a_j = H\right)$ の配分であり,平均値(ここでは1人あたりの議員数 $\left(\frac{H}{P}\right)$)からの各地域の1人あたりの議員数 $\left(\frac{a_j}{P_j}\right)$ の逸脱,拡散具合,一般化エントロピーを最小化するような整数値を求めることが目標となる。

一般化エントロピーの式を変形した

$$\mathrm{GE}^{\alpha}(a_j, P_j) = \sum_{j=1}^{K} \frac{1}{\alpha} \frac{1}{(\alpha-1)} \frac{P_j}{P} \left(\left(\frac{\frac{a_j}{P_j}}{\frac{H}{P}} \right)^{\alpha} - 1 \right)$$

$$= \frac{1}{\alpha(\alpha-1)} \left(\left(\sum_{j=1}^{K} \left(\frac{P_j}{P}\right)^{1-\alpha} \left(\frac{a_j}{H}\right)^{\alpha} \right) - 1 \right)$$

が定数配分 $(a_1, \cdots, a_s, \cdots, a_t, \cdots, a_K)$ において最小値であるためには,任意の $a_s > 0, a_t \geq 0$ において,定数配分 $(a_1, \cdots, (a_s - 1), \cdots, (a_t + 1), \cdots, a_K)$ の方がそれ以上の一般化エントロピーを与えてしまうことが必要となる。すなわち

$$\frac{1}{\alpha(\alpha-1)}((P_s)^{1-\alpha}(a_s-1)^\alpha+(P_t)^{1-\alpha}(a_t+1)^\alpha)$$
$$\geq \frac{1}{\alpha(\alpha-1)}((P_s)^{1-\alpha}(a_s)^\alpha+(P_t)^{1-\alpha}(a_t)^\alpha)$$

が条件となる。したがって,

$$\min_{a_s>0}\left(\frac{P_s}{\left(\frac{(a_s)^\alpha-(a_s-1)^\alpha}{\alpha}\right)^{-\frac{1}{1-\alpha}}}\right)\geq \max_{a_t\geq 0}\left(\frac{P_t}{\left(\frac{(a_t+1)^\alpha-(a_t)^\alpha}{\alpha}\right)^{-\frac{1}{1-\alpha}}}\right)$$

が導かれる。

左辺の分母は (a_s-1) と a_s, 右辺の分母は a_t と (a_t+1) の, Stolarsky 平均[15]である。Stolarsky 平均は, $\alpha \to -\infty$ で小さい方の値, $\alpha=-1$ で幾何(相乗)平均, $\alpha \to 0$ で対数平均, $\alpha \to 1$ で identric 平均, $\alpha=2$ で算術(相加)平均, $\alpha \to \infty$ で大きい方の値をとる。

$\alpha=2$ のケースを具体的に示すと

$$\min_{a_s>0}\left(\frac{P_s}{\left(\frac{(a_s-1)+a_s}{2}\right)}\right)\geq \max_{a_t\geq 0}\left(\frac{P_t}{\left(\frac{a_t+(a_t+1)}{2}\right)}\right)$$

であり, この条件を満たす解である $(a_1, \cdots, a_s, \cdots, a_t, \cdots, a_K)$ は, 第 3 章, 第 4 章で紹介した, 各州の人口を 0.5, 1.5, 2.5, 3.5, …で割り, 商の大きさの順に定数を配分していくサンラグ方式, 除数閾値算術(相加)平均方式より求められた定数配分と同等である。

つまり, 一般化エントロピーの最小化を目指した定数配分の試みは, 閾値 Stolarsky 平均の除数方式をもたらし, 注目すべきパラメータ α に対して具体的に示すと, 下記のようになる。

$\alpha \to -\infty$ はロールズ型の社会的厚生関数に呼応するケースで, 定数あたりの人口 $\left(\frac{P_i}{a_i}\right)$ の最大値を最小化しようとするわけだが, 条件式は

---

15 Stolarsky (1975)。Stlarsky 平均は, 平均値の定理に基づくアイデアである。適当な実数 $a<b$ と, この区間において微分可能な関数 $f(x)$ に対し, $f'(c)=\frac{f(b)-f(a)}{b-a}$ となるような $a<c<b$ が存在するわけだが, 関数 f をべき関数 x^α とし, この c を a と b との平均とする。本論では $b=a+1$ なのでより簡単な形に帰着する。

7.5 一般化エントロピーの最小化から導かれる除数方式

$$\min_{a_s>0}\left(\frac{P_s}{(a_s-1)}\right) \geq \max_{a_t\geq 0}\left(\frac{P_t}{a_t}\right)$$

となり，除数閾値下限方式（除数切上方式）であるアダムズ方式となる[16]。

$\alpha=-1$ の条件式は

$$\min_{a_s>0}\left(\frac{P_s}{((a_s-1)a_s)^{\frac{1}{2}}}\right) \geq \max_{a_t\geq 0}\left(\frac{P_t}{(a_t(a_t+1))^{\frac{1}{2}}}\right)$$

となり，Huntington（1928）が推奨し，現在もアメリカ下院の定数配分に採用されているアメリカ下院方式（Hill 方式）となり[17]，州の間の較差最小を保証することになる。

$\alpha\to 0$ はナッシュ型の社会的厚生関数に呼応する形で，平均対数偏差を最小化しようとするわけだが，条件式は

$$\min_{a_s>0}\left(\frac{P_s}{\frac{a_s-(a_s-1)}{\log a_s-\log(a_s-1)}}\right) \geq \max_{a_t\geq 0}\left(\frac{P_t}{\frac{(a_t+1)-a_t}{\log(a_t+1)-\log a_t}}\right)$$

となり，除数閾値対数平均方式となる。

$\alpha\to 1$ はベンサム型の社会的厚生関数に呼応する形で，タイル指数を最小化しようとするわけだが，条件式は

$$\min_{a_s>0}\left(\frac{P_s}{\frac{1}{e}\left(\frac{a_s^{a_s}}{(a_s-1)^{(a_s-1)}}\right)^{\frac{1}{a_s-(a_s-1)}}}\right) \geq \max_{a_t\geq 0}\left(\frac{P_t}{\frac{1}{e}\left(\frac{(a_t+1)^{(a_t+1)}}{a_t^{a_t}}\right)^{\frac{1}{(a_t+1)-a_t}}}\right)$$

となり，除数閾値 identric 平均方式となる。

$\alpha=2$ は，平方変動係数を最小化するわけだが，上で示したように条件式は

$$\min_{a_s>0}\left(\frac{P_s}{\frac{(a_s-1)+a_s}{2}}\right) \geq \max_{a_t\geq 0}\left(\frac{P_t}{\frac{a_t+(a_t+1)}{2}}\right)$$

となり，Balinski and Young（1982，邦訳 1987）が人口の多い州，少ない州の間を平等に取り扱うとして推奨する，除数閾値算術（相加）平均方式（除数四捨五入方式）であるサンラグ方式（奇数方式，Webster 方式）となる[18]。

16　4.6節，4.7節を参照されたい。
17　4.8節を参照されたい。

表 7-4　一般化エントロピーの最小化により導かれる除数閾値 Stolarsky 平均方式

相対的危険回避度一定の効用関数 $u^\varepsilon(y_i)=\frac{1}{(1-\varepsilon)}(y_i^{(1-\varepsilon)}-1)$			$\varepsilon\to 1$ $u^1(y_i)=\ln y_i$	$\varepsilon=0$ $u^0(y_i)=y_i$		
最大化されるべき Atkinson 型社会的厚生関数 $W^\varepsilon=\sum_{i=1}^P \frac{1}{(1-\varepsilon)}(y_i^{(1-\varepsilon)}-1)$	$\varepsilon\to\infty$ ロールズ型 $W^\infty=\min(y_i)$		$\varepsilon\to 1$ ナッシュ型 $W^1=\sum_{i=1}^P \ln y_i$	$\varepsilon=0$ ベンサム型 $W^0=\sum_{i=1}^P y_i$		
最小化されるべき一般化エントロピー $GE^\alpha=\sum_{j=1}^K \frac{1}{\alpha}\frac{1}{(\alpha-1)}\frac{P_j}{P}\left(\left(\frac{a_j/P_j}{H/P}\right)^\alpha-1\right)$	$\alpha\to-\infty$ $\max_j \frac{P_j}{a_j}$	$\alpha=-1$ 1/2 双対 平方変動 係数	$\alpha\to 0$ 平均対数偏差	$\alpha\to 1$ タイル指数	$\alpha=2$ 1/2 平方 変動係数	$\alpha\to\infty$ $\max_j$
導かれる除数方式の閾値 Stolarsky 平均 $\left(\frac{a_j^\alpha-(a_j-1)^\alpha}{\alpha}\right)^{\frac{1}{\alpha-1}}$	$\alpha\to-\infty$ 下限	$\alpha=-1$ 相乗平均 (幾何平均)	$\alpha\to 0$ 対数平均	$\alpha\to 1$ identric 平均	$\alpha=2$ 相加平均 (算術平均)	$\alpha\to\infty$ 上限
導かれる除数方式の伝統的名前	アダムズ Adams 除数切上	アメリカ 下院 Hill 較差最小			サンラグ Webster 除数四捨 五入	ドン Jeffer 除数

$\alpha\to\infty$ は，人口あたりの定数 $\left(\frac{a_i}{P_i}\right)$ の最大値を最小化しようとするわけだが，条件式は

$$\min_{a_t\geq 0}\left(\frac{(a_t+1)}{P_t}\right)\geq \max_{a_s>0}\left(\frac{a_s}{P_s}\right)$$

あるいは

$$\min_{a_s>0}\left(\frac{P_s}{a_s}\right)\geq \max_{a_t\geq 0}\left(\frac{P_t}{(a_t+1)}\right)$$

となり，除数閾値上限方式（除数切上方式）であるドント方式（Jefferson 方式）となる[19]。

一般化エントロピーの最小化により導かれる除数閾値 Stolarsky 平均方式をまとめると表7-4のようになる。

除数方式は人口パラドクスを避ける唯一の定数配分方法であり，除数方式はアラバマパラドクスも新州パラドクスも避けることが証明されている[20]。人口

18　4.2節を参照されたい。
19　4.4節，4.5節を参照されたい。

7.5 一般化エントロピーの最小化から導かれる除数方式

パラドクスを避けることから，一般化エントロピーの最小化により導かれる除数閾値 Stolarsky 平均方式は，定数配分手法としての候補になりうるものと考えられる。

第5章で紹介したように，同じ除数方式でも，商が小さい方の閾値が相対的に小さく，商が大きい方の閾値が相対的に大きい定数配分方法の方が，人口の少ない州に有利な計らいをすることが証明されている[21]。Balinski and Young (1982, 邦訳 1987) はその命題 5.1 (p. 119) において，閾値の大小関係が

　　下限＜調和平均＜幾何（相乗）平均＜算術（相加）平均＜上限

であることから，この順に人口の少ない州が有利，すなわち

　　アダムズ，Dean，アメリカ下院（Hill），
　　　サンラグ（Webster），ドント（Jefferson）

の順に人口の少ない州が有利であることを示した。

α で媒介変数化（parameterize）された除数閾値 Stolarsky 平均方式は，閾値が

　　下限＜幾何（相乗）平均＜対数平均＜ identric 平均
　　　＜算術（相加）平均＜上限

の順になることから，この順に人口の少ない州が有利となる。すなわち，

　　アダムズ，アメリカ下院，平均対数偏差（Nash），
　　　タイル（Bentham），サンラグ，ドント

の順に人口の少ない州が有利であることになる。

Balinski and Young (1982, 邦訳 1987) は，Huntington (1928) が推奨した閾値幾何平均方式（Hill 方式），すなわち現行のアメリカ下院方式ではなく，閾値算術平均方式（サンラグ方式，Webster 方式）が偏りを引き起こさない除数方式であることを主張した[22]。しかし，5.3 節表 5-1 に示したカナダの例が明

20　Balinski and Young (1982, 邦訳 1987) p. 70（邦訳 p. 95）および定理 4.3 (p. 117)。
21　Balinski and Young (1982, 邦訳 1987) 定理 5.1 (p. 118)。

らかにするように，正の定数配分を保証することができない。州ごとの政治的，経済的（財政的）独立性が高い連邦制において，州への定数配分0というのは，州の連邦離脱も考えられるわけで，現実的なルールとして採用は困難であろう。この点において，最初の閾値が0である[23]ために，定数配分1を自動的に保証する現行のアメリカ下院方式に劣後するものと思われる。

　一般化エントロピーの最小化から求めたStolarsky平均を閾値とする除数方式のうち，最初の閾値を0とするのは，閾値下限のアダムズ，閾値幾何平均のアメリカ下院，閾値対数平均の平均対数偏差最小化などである。閾値はαをパラメータとしたStolarsky平均なので，その大小関係は明確で，最初の閾値が0となり[24]，定数配分1を保証する除数方式[25]のうちで，人口の多い州，少ない州に関する偏りの意味で最も偏りなしの閾値算術平均方式[26]に近い値を与えるのは，最初の閾値がギリギリ0となる平均対数偏差[27]最小化から求まる除数閾値対数平均方式となる。（図7-1に本章で出てきた除数方式の閾値とそれを超えたところで与えられる定数配分を○で囲まれた数字で示した。）

　また，一般化エントロピーの最小化から求められた除数方式のうち，これらの定数配分1を保証するものは，すべて相対的危険回避度一定の効用関数に基づくAtkinson型の社会的厚生関数が対応するわけだが，その中でも平均対数偏差に対応するナッシュ型社会的厚生関数を基礎付ける効用関数は，心理学におけるウェーバー＝フェフィナー法則（Weber-Fechner law）に対応する相対的危険回避度1のものであり，また，そこから導き出される社会的厚生関数は，協力ゲームにおけるナッシュ交渉解[28]に因んで名付けられたものであり，そのナッシュ型社会的厚生関数は性質が望ましいことが知られている[29]。こういったことからも，一般化エントロピー最小化から求められた一群の除数方式の中

22　Balinski and Young（1982, p.76, 邦訳1987, p.103）および補論A定理5.3（p.125）。
23　0と1の幾何平均は0。
24　閾値となるStolarsky平均のパラメータが$\alpha<0$。
25　$\alpha<0$の一般化エントロピーを最小化により得られる除数方式。
26　$\alpha=2$の一般化エントロピーを最小化したもの。サンラグ方式，Webster方式。
27　$\alpha\to0$の一般化エントロピー。
28　Nash（1950）。広く認められやすい4つの公準から導かれた協力ゲームにおける交渉解。同じJohn Nashの業績だが，非協力ゲームにおけるナッシュ均衡とは全く別概念である。
29　Kaneko and Nakamura（1979），金子（1980）。

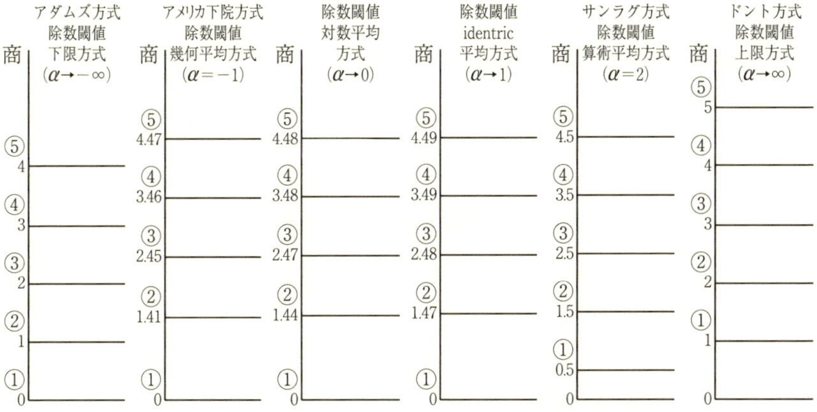

図 7-1　一般化エントロピーの最小化から求めた除数方式（閾値 Stolarsky 平均）

で，**除数閾値対数平均方式は，連邦制における各州への定数配分として採用に最もふさわしい**ものだと考えられる。

　しかし，一般化エントロピーを基礎付ける Atkinson 型の社会的厚生関数は，経済学者が最もよく使う相対的危険回避度一定の効用関数に基づくものとはいえ，関数の特定化に頼っている。調和平均がパラメータ化された Stolarsky 平均でないため，Huntington (1928) の5つの方式に入っている除数閾値調和平均方式である Dean 方式は登場しないし，北欧の比例代表制で，小党が過度の力を持つことを避けるために使われている，最初の閾値のみ多少引き上げた修正サンラグ方式を導き出すこともできない。ここでわれわれは，関数の特定化をできるだけ避け，より広い領域での探索を続けてみたい。次節では，1人あたりの議員数という平均からの"逸脱"，"拡散"である一般化エントロピーを小さくすることから離れ，完全比例という最適からの"乖離"(Divergence)の最小化に目を向けてみたい。

7.6　α-ダイバージェンス　～カルバック・ライブラー・ダイバージェンス，χ^2 値

　各州の真の取り分という最適解からの"距離"が最も近い各州への配分は最

大剰余方式が与えるが，同時に第2章で示したように，人口パラドックス，アラバマパラドックスなどを引き起こし，均等区割パラドックス（非一貫性パラドックス）を考えると，その配分方法の運用のみならず，根拠たる各州の真の取り分と各州への配分との"距離"の使用にも，疑念が差し挟まれる。そもそも，距離を測る際に使われる座標は州であり，座標単位，すなわち州単位で図る"距離"の使用は，人と人との平等が問われるべき一票の平等を追求する尺度としては望ましくないのかもしれない。われわれが目指すべきは，人の分布に代議士の分布を近づけることである。

然るに，ある分布からの別の分布の"乖離"を測るダイバージェンス（Divergence）という概念[30]が知られている。

座標と座標の"距離"の測り方には，日常で使われるユークリッド距離を含む L^p norm をはじめ，さまざまなものが知られているわけだが，ある分布からの別の分布の"乖離"を測るダイバージェンスにも多くの種類があり，われわれは，無知のヴェールの背後で行われるべき立憲段階での配分問題に関して使用するのに望ましいものとして，2つのダイバージェンスを採用する。

f-ダイバージェンス

本章の議論のスタートに使った，無知のヴェール下で個人が求める期待効用は，K個ある地域（階層）jの人口が P_j で，それぞれの地域（階層）の資産（所得）の総計が a_j であり，a_j が地域（階層）内では均等分割[31]であるとき，無知のヴェール下で所属する地域（階層）が決まるならば各地域（階層）jに決まる確率はそれぞれ $\left(\frac{P_j}{P}\right)$ なので，最大化されるべき期待効用は

$$E\left(u\left(\frac{a_j}{P_j}\right)\right) = \sum_{j=1}^{K} \frac{P_j}{P} u\left(\frac{a_j}{P_j}\right)$$

---

30 Divergence は，擬距離という訳語が当てられることもある quasi-distance とも呼ばれた。距離であるために必要な公準である対称性 $d(x,y)=d(y,x)$ および三角不等式 $d(x,y)+d(y,z) \geq d(x,z)$ を必ずしも満たさないわけだが，絶対の始点（基準点）である人口分布からさまざまな議員定数分布がどれだけ"乖離"してしまうかだけが問題であるわれわれの分析においては，この2つは必要な公準ではない。

31 本章を進めるにあたって資産（"a"sset）は，定数配分（"a"pportionment）に切り替わってきたわけだが，定数配分をした後の完全均等な選挙区割は難しくない。実際にアメリカでは実現されており，各州内の選挙区人口は完全均等（人口差0人）か，人口差1人に過ぎない。

7.6 α-ダイバージェンス〜カルバック・ライブラー・ダイバージェンス, χ^2値

である。また，総人口である $P\left(=\sum_{j=1}^{K} P_j\right)$ を乗ずることによって最大化されるべき社会的厚生とするならば

$$W(a_j, P_j) = \sum_{j=1}^{K} P_j u\left(\frac{a_j}{P_j}\right)$$

といった形で表現された。

最大化されるべきこの社会的厚生関数は，人々の効用の和であることから，功利主義的社会的厚生関数と呼ばれることが多いが，人々の効用の和で示されていることの本質は，単なる選好順序の代替表現に過ぎない効用[32]の使用ではなく，個人一人一人が，社会的厚生内で，国家，地域，家族，宗教などに融合されることなく，分離，明示され，クニ，ムラ，イエ，先祖7代といった個人を超越する因襲が入り込まないということであり，"個人還元主義的"社会的厚生関数であるところにある。

定数配分は，一票の平等，"One Person, One Vote, One Value"，個人の尊重のためにあるわけだから，この個人還元主義的公準を，最小化すべき人口分布からの議席分布の"乖離"，Divergence（擬距離）にも求めたい。

社会的厚生関数を基礎付ける効用関数 u は，危険回避的であるならば凹関数[33]であり，最大化されるべき個人還元主義的な社会的厚生関数は

$$W(\mathbf{a}, \mathbf{P}) = \sum_{j=1}^{K} P_j u\left(\frac{a_j}{P_j}\right)$$

と表現される[34]。

最小化されるべき $\mathbf{w} = (w_1, w_2, \cdots, w_K)$ の $\mathbf{v} = (v_1, v_2, \cdots, v_K)$ からの"乖離"，Divergence（擬距離）の一つである f-ダイバージェンスは，凸関数[35]であることが求められる関数 f を用いて

---

[32] しかも，ここのような一変数の効用関数の場合，多ければ多いほどよい，少なければ少ないほど嫌だ，といったことしか示していない。

[33] 1階の微分が正，2階の微分が負。要は，増えれば満足度が上がるが，満足度の上がり方はだんだんと少なくなるというだけの仮定である。

[34] ダイバージェンスの議論を進めるにあたり，変数表記をベクトルの要素 (a_j, P_j) からベクトル $(\mathbf{a}, \mathbf{P})$ に変えた。

[35] 簡単なケースでいえば1階の微分が正で，2階の微分も正。要は，離れれば離れるほど乖離を大きく評価し，その評価の変化もどんどん大きくなっていくというだけの仮定である。

$$D^f(\mathbf{w},\mathbf{v})=\sum_{j=1}^{K}v_jf\left(\frac{w_j}{v_j}\right)$$

と表される[36]ので，われわれが求める個人の尊重，個人還元主義を表現する[37]のにふさわしいものと考えられる．本論では，人口分布からの定数配分分布の乖離を測るダイバージェンスが，個人還元主義を保証するf-ダイバージェンスであることを要求する．

ブレグマン・ダイバージェンス

始点（基準点）$\mathbf{v}$から終点（被評価点）$\mathbf{w}$の"乖離"，ダイバージェンス（Divergence, 擬距離）の一つであるブレグマン・ダイバージェンス（Bregman Divergence）[38]

$$D^B(\mathbf{w},\mathbf{v})=\varphi(\mathbf{w})-\varphi(\mathbf{v})-\langle\nabla\varphi(\mathbf{v}),(\mathbf{w}-\mathbf{v})\rangle$$

は，機械学習などでよく使われるわけだが，多変数の凸関数$\varphi(\mathbf{x})$の1次のテイラー展開に基づいて定められたと考えられる．1変数（1次元）のケースを図7-2に示したが，一貫して大きな"乖離"をより厳しく評価する形になっていることが読み取れると思う．実際，ブレグマン・ダイバージェンスには恣意的なところはなく，通常のユークリッド距離の2乗とか，統計学でよく使われるマハラノビス距離の2乗などもブレグマン・ダイバージェンスである．本論でも普遍性の保証としてブレグマン・ダイバージェンスであることも要求したい．

α-ダイバージェンス

Amari（2009）が下記の定理を証明している．

---

[36] Divergence関数の表現の仕方（変数の前後や，それを区切るものが"，"か"|"か等）はいろいろとあるが，われわれは操作される終点であり，評価される（測られる）定数分布$\mathbf{a}$を前，絶対の基準として与えられ，始点として動かない人口分布$\mathbf{P}$を後においた表現方法を採用する．すなわち一般型で定義されたこの式における分布$\mathbf{v}$が人口分布$\mathbf{P}$，分布$\mathbf{w}$が定数分布$\mathbf{a}$である．

[37] 数学的にはdecomposability（分解可能性，分離可能性）を持つとされる（Amari 2009）．

[38] $\nabla\varphi(\mathbf{v})=\left(\frac{\partial\varphi(\mathbf{v})}{\partial x_1},\frac{\partial\varphi(\mathbf{v})}{\partial x_2},…,\frac{\partial\varphi(\mathbf{v})}{\partial x_K}\right)$は$\mathbf{v}$における関数$\varphi$の各方向への傾き，$(\mathbf{w}-\mathbf{v})=((w_1-v_1),(w_2-v_2),…,(w_K-v_K))$は$\mathbf{v}$から$\mathbf{w}$への変位であり，$\langle,\rangle$はその内積である．

7.6 α-ダイバージェンス〜カルバック・ライブラー・ダイバージェンス, χ^2値

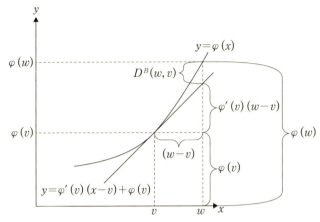

図7-2 一次元におけるブレグマン・ダイバージェンス $D^B(w, v)$

正の測度空間において，α-ダイバージェンスは，f-ダイバージェンスの集合（クラス）とブレグマン・ダイバージェンスの集合の共通集合に位置する唯一のダイバージェンスである。

この定理をわれわれの文脈に置き換えるならば，真の取り分 $\left(q_j = \dfrac{P_j}{P} H\right)$ からの定数配分 (a_j) へのダイバージェンス（Divergence，擬距離）の最小化において，個人還元主義の保証としてf-ダイバージェンスであることを要求し，普遍性の保証としてブレグマン・ダイバージェンスであることを要求すると，真の取り分と定数配分が非負の値であることから，α-ダイバージェンスの最小化を要求することになる。

Amari（2009）はさらに下記の定理を証明している。

確率分布の空間において，カルバック・ライブラー・ダイバージェンスとその双対（dual）は，f-ダイバージェンスのクラス（集合）とブレグマン・ダイバージェンスのクラスに属する唯一のダイバージェンスである。

こちらの定理もわれわれの文脈に置き換えると，人口割合 $\left(\dfrac{P_j}{P}\right)$ と定数割合 $\left(\dfrac{a_j}{H}\right)$ が確率分布とみなせることから，人口割合の分布から定数割合の分布へ

のダイバージェンス（Divergence，擬距離）の最小化において，個人還元主義の保証としてf-ダイバージェンスであることを要求し，普遍性の保証としてブレグマン・ダイバージェンスであることを要求すると，α-ダイバージェンスの$\alpha=0$のケースに相当するカルバック・ライブラー・ダイバージェンス（Kullback-Leibler Divergence）か，$\alpha=1$のケースに相当する双対カルバック・ライブラー・ダイバージェンス（dual Kullback-Leibler Divergence）の最小化を要求することになる。

分布 **v** から分布 **w** へのα-ダイバージェンスは，αをパラメータとして下記のように定められる[39]。

$$D^{\alpha}(\mathbf{w},\mathbf{v}) = \sum_{j=1}^{K} \frac{1}{\alpha} \frac{1}{(\alpha-1)} v_j \left(\left(\frac{w_j}{v_j}\right)^{\alpha} - 1 \right) \quad \alpha \neq 0, 1$$

$\alpha \to 0$　カルバック・ライブラー・ダイバージェンス

$$D^{0}(\mathbf{w},\mathbf{v}) = \sum_{j=1}^{K} v_j \ln\left(\frac{v_j}{w_j}\right)$$

$\alpha \to 1$　双対カルバック・ライブラー・ダイバージェンス

$$D^{1}(\mathbf{w},\mathbf{v}) = \sum_{j=1}^{K} v_j \frac{w_j}{v_j} \ln\left(\frac{w_j}{v_j}\right)$$

したがって，最小化すべきわれわれの目的関数である真の取り分 $\left(\frac{P_j}{P}H\right)$ から定数配分 (a_j) へのα-ダイバージェンスは

---

[39] α-ダイバージェンスは，始点（基準点）**p** から終点（被評価点）**q** の "乖離" を下記のような形式で表現することもある。（αを a にして混乱を避けた。）

$$D^{\mathrm{a}}(p,q) = \frac{4}{1-\mathrm{a}^2}\left(1 - \sum p^{\frac{1-\mathrm{a}}{2}} q^{\frac{1+\mathrm{a}}{2}}\right) = \frac{4}{\mathrm{a}^2-1}\left(\sum p^{\frac{1-\mathrm{a}}{2}} q^{\frac{1+\mathrm{a}}{2}} - 1\right) = \frac{1}{\left(\frac{\mathrm{a}}{2}\right)^2 - \frac{1}{4}}\left(\sum p^{\frac{1-\mathrm{a}}{2}} q^{\frac{1+\mathrm{a}}{2}} - 1\right)$$

$$= \frac{1}{\left(\frac{\mathrm{a}}{2}+\frac{1}{2}\right)\left(\frac{\mathrm{a}}{2}-\frac{1}{2}\right)}\left(\sum p\left(\frac{q}{p}\right)^{\frac{\mathrm{a}+1}{2}} - 1\right) = \frac{1}{\left(\frac{\mathrm{a}+1}{2}\right)\left(\frac{\mathrm{a}+1}{2}-1\right)}\sum p\left(\left(\frac{q}{p}\right)^{\frac{\mathrm{a}+1}{2}} - 1\right)$$

上記で展開したようにこの表現形式はパラメタライズが下記の表のように異なるだけで，全く同一のものである。本書では Kolm-Atkinson 型の社会的厚生関数，および不平等表現として多用される一般化エントロピーとの対応に鑑み，この表現方式は採用しなかった。

$\mathrm{a}=2\alpha-1$	$-\infty$	-3	-1		1	3	∞
$\alpha=\frac{\mathrm{a}+1}{2}$	$-\infty$	-1	0		1	2	∞

7.6 α-ダイバージェンス～カルバック・ライブラー・ダイバージェンス, χ^2 値

$$D^\alpha\left(a_j, \frac{P_j}{P}H\right) = \sum_{j=1}^{K} \frac{1}{\alpha} \frac{1}{(\alpha-1)} \frac{P_j}{P}H\left(\left(\frac{a_j}{\frac{P_j}{P}H}\right)^\alpha - 1\right) \quad \alpha \neq 0, 1$$

$\alpha \to 0$　カルバック・ライブラー・ダイバージェンス

$$D^0\left(a_j, \frac{P_j}{P}H\right) = \sum_{j=1}^{K} \frac{P_j}{P}H \ln\left(\frac{\frac{P_j}{P}H}{a_j}\right)$$

$\alpha \to 1$　双対カルバック・ライブラー・ダイバージェンス

$$D^1\left(a_j, \frac{P_j}{P}H\right) = \sum_{j=1}^{K} \frac{P_j}{P}H \frac{a_j}{\frac{P_j}{P}H} \ln\left(\frac{a_j}{\frac{P_j}{P}H}\right)$$

となるが，アメリカ下院のように総定数 H が不変なら H は定数であり，

$$D^\alpha\left(a_j, \frac{P_j}{P}H\right) = H\sum_{j=1}^{K} \frac{1}{\alpha} \frac{1}{(\alpha-1)} \frac{P_j}{P}\left(\left(\frac{\frac{a_j}{P}}{\frac{H}{P}}\right)^\alpha - 1\right) = H \cdot \mathrm{GE}^\alpha(a_j, P_j)$$
$$\alpha \neq 0, 1$$

$\alpha \to 0$　カルバック・ライブラー・ダイバージェンス

$$D^0\left(a_j, \frac{P_j}{P}H\right) = \sum_{j=1}^{K} \frac{P_j}{P}H \ln\left(\frac{\frac{H}{P}}{\frac{a_j}{P_j}}\right) = H \cdot \mathrm{GE}^0(a_j, P_j)$$

　　　　　　　　平均対数偏差（Mean Log Deviation, MLD）の H 倍

$\alpha \to 1$　双対カルバック・ライブラー・ダイバージェンス

$$D^1\left(a_j, \frac{P_j}{P}H\right) = \sum_{j=1}^{K} \frac{P_j}{P}H \frac{\frac{a_j}{P_j}}{\frac{H}{P}} \ln\left(\frac{\frac{a_j}{P_j}}{\frac{H}{P}}\right) = H \cdot \mathrm{GE}^1(a_j, P_j)$$

　　　　　　　　　　　　タイル指数（Theil Index）の H 倍

のように変形することにより α-ダイバージェンスは一般化エントロピーの H 倍となり，α-ダイバージェンスを最小化する整数値（定数配分）は，前節で扱った一般化エントロピーを最小化するものと全く同じものであることがわかる．

　また，人口割合 $\left(\frac{P_j}{P}\right)$ から定数配分割合 $\left(\frac{a_j}{H}\right)$ への α-ダイバージェンスである．

$$D^\alpha\left(\frac{a_j}{H}, \frac{P_j}{P}\right) = \sum_{j=1}^{K} \frac{1}{\alpha} \frac{1}{(\alpha-1)} \frac{P_j}{P}\left(\left(\frac{\frac{a_j}{H}}{\frac{P_j}{P}}\right)^\alpha - 1\right) \quad \alpha \neq 0, 1$$

$\alpha \to 0$　カルバック・ライブラー・ダイバージェンス

$$D^0\left(\frac{a_j}{H}, \frac{P_j}{P}\right) = \sum_{j=1}^{K} \frac{P_j}{P} \ln\left(\frac{\frac{P_j}{P}}{\frac{a_j}{H}}\right)$$

$\alpha \to 1$　双対カルバック・ライブラー・ダイバージェンス

$$D^1\left(\frac{a_j}{H}, \frac{P_j}{P}\right) = \sum_{j=1}^{K} \frac{P_j}{P} \frac{\frac{a_j}{H}}{\frac{P_j}{P}} \ln\left(\frac{\frac{a_j}{H}}{\frac{P_j}{P}}\right)$$

を考える場合，α-ダイバージェンスと一般化エントロピーとの関係は，下記のようによりシンプルになる。

$$D^\alpha\left(\frac{a_j}{H}, \frac{P_j}{P}\right) = \sum_{j=1}^{K} \frac{1}{\alpha} \frac{1}{(\alpha-1)} \frac{P_j}{P}\left(\left(\frac{\frac{a_j}{P_j}}{\frac{H}{P}}\right)^\alpha - 1\right) = \text{GE}^\alpha(a_j, P_j)$$
$$\alpha \neq 0, 1$$

$\alpha \to 0$　カルバック・ライブラー・ダイバージェンス

$$D^0\left(\frac{a_j}{H}, \frac{P_j}{P}\right) = \sum_{j=1}^{K} \frac{P_j}{P} \ln\left(\frac{\frac{H}{P}}{\frac{a_j}{P_j}}\right) = \text{GE}^0(a_j, P_j)$$

平均対数偏差

$\alpha \to 1$　双対カルバック・ライブラー・ダイバージェンス

$$D^1\left(\frac{a_j}{H}, \frac{P_j}{P}\right) = \sum_{j=1}^{K} \frac{P_j}{P} \frac{\frac{a_j}{P_j}}{\frac{H}{P}} \ln\left(\frac{\frac{a_j}{P_j}}{\frac{H}{P}}\right) = \text{GE}^1(a_j, P_j)$$

タイル指数

もちろん，人口割合$\left(\frac{P_j}{P}\right)$と定数割合$\left(\frac{a_j}{H}\right)$が確率分布とみなせることから，人口割合$\left(\frac{P_j}{P}\right)$の分布から定数割合$\left(\frac{a_j}{H}\right)$の分布へのダイバージェンス（Divergence, 擬距離）の最小化において，個人還元主義の保証としてf-ダイバージ

ェンスであることを要求し，普遍性の保証としてブレグマン・ダイバージェンスであることを要求すると，α-ダイバージェンスの$\alpha=0$のケースに相当するカルバック・ライブラー・ダイバージェンス（Kullback-Leibler Divergence）か，$\alpha=1$のケースに相当する双対カルバック・ライブラー・ダイバージェンス（dual Kullback-Leibler Divergence）のみが要件を満たすダイバージェンスになる[40]。

　これらのことからも，1人あたりの平均議員数（総定数／総人口）からの各選挙区の"逸脱"，"拡散"である一般化エントロピーと，定数分布の人口分布からの"乖離"（Divergence）であるα-ダイバージェンスは数学的に全く同等のものであることがわかる。すなわち，危険回避度一定の効用関数という特定化された効用関数から築き上げられたアトキンソン型の社会的厚生関数に呼応する一般化エントロピーが感じさせる制約性から解き放たれるべく，個人還元主義と普遍性のみに依拠したα-ダイバージェンスの採用を行ったとしても，その目的関数の最小化から得られる配分は全く同じである。真の取り分 $\left(\frac{P_j}{P}H\right)$ から定数配分 (a_j) への擬距離（α-ダイバージェンス）の最小化をもたらす整

---

[40] なお，下記のような関係も確認することができる。

　$\alpha=2$のα-ダイバージェンスは，下記のように人口割合の分布$\left(\frac{P_j}{P}\right)$から定数配分割合の分布$\left(\frac{a_j}{H}\right)$の乖離を表す$\chi^2$値の$\frac{1}{2}$となる。（$GE^2$が平方変動係数の$\frac{1}{2}$であることに呼応する。）

$$D^2\left(\frac{a_j}{H},\frac{P_j}{P}\right)=\sum_{j=1}^{K}\frac{1}{2}\frac{P_j}{P}\left(\frac{\left(\frac{a_j}{H}\right)^2-\left(\frac{P_j}{P}\right)^2}{\left(\frac{P_j}{P}\right)^2}\right)=\frac{1}{2}\sum_{j=1}^{K}\frac{\left(\frac{a_j}{H}\right)^2-2\left(\frac{a_j}{H}\frac{P_j}{P}\right)+\left(\frac{P_j}{P}\right)^2}{\frac{P_j}{P}}$$

$$=\frac{1}{2}\sum_{j=1}^{K}\frac{\left(\frac{a_j}{H}-\frac{P_j}{P}\right)^2}{\frac{P_j}{P}}=\frac{1}{2}\chi^2$$

　$\alpha=-1$のα-ダイバージェンスは，下記のように人口割合の分布$\left(\frac{P_j}{P}\right)$から定数配分割合の分布$\left(\frac{a_j}{H}\right)$の乖離を表すdual χ^2値の$\frac{1}{2}$となる。（GE^{-1}がdual 平方変動係数の$\frac{1}{2}$であることに呼応する。）

$$D^{-1}\left(\frac{a_j}{H},\frac{P_j}{P}\right)=\frac{1}{2}\sum_{j=1}^{K}\frac{P_j}{P}\left(\frac{\frac{P_j}{P}-\frac{a_j}{H}}{\frac{a_j}{H}}\right)=\frac{1}{2}\sum_{j=1}^{K}\frac{\left(\frac{P_j}{P}\right)^2-2\frac{P_j}{P}\frac{a_j}{H}+\frac{P_j}{P}\frac{a_j}{H}}{\frac{a_j}{H}}$$

$$=\frac{1}{2}\sum_{j=1}^{K}\frac{\left(\frac{P_j}{P}-\frac{a_j}{H}\right)^2}{\frac{a_j}{H}}=\frac{1}{2}\text{dual}\chi^2$$

数最適解は，閾値 Stolarsky 平均による除数方式がもたらす配分であり，人口割合 $\left(\frac{P_j}{P}\right)$ から定数配分割合 $\left(\frac{a_j}{H}\right)$ への擬距離の最小化をも要求するならば，閾値対数平均，あるいは閾値 identric 平均の除数方式が与える配分が整数最適解となる（表7-5 参照）。

閾値相乗平均，閾値対数平均，閾値 identric 平均，閾値相加平均といった中庸な除数方式は，同じ定数配分を与えることも多いわけであるが，我田引鉄，pork barrel politics が当然の立憲後段階の政治家による介入を防ぐためには，一つの方式に定めることが重要であろう。その場合，閾値 identric 平均より閾値対数平均が優越すると思う。ぎりぎりすべての州に定数1を保証するというのもあるが，やはり，ウェーバー＝フェフィナー法則（Weber-Fechner law）が示すように，人間の効用関数に近いと考えられる危険回避度1の効用関数から積み上げられ，性格がよいとされるナッシュ交渉解，ナッシュ社会的厚生関数に対応する平均対数偏差，カルバック・ライブラー・ダイバージェンスの最小化から得られる<u>除数閾値対数平均方式を推奨</u>したい[41]。

除数方式は人口パラドックスを避ける唯一の定数配分方法であり，除数方式はアラバマパラドクス，新州パラドックスも避けることが証明されている[42]。除数方式であることから，<u>これらのパラドックスを避ける点で除数閾値対数平均方式を含む除数閾値 Stolarsky 平均方式は望ましいが，更に，個人還元主義を体現する f-ダイバージェンスに由来する分解可能性から，均等区割パラドックス（非一貫性パラドックス）も引き起こさないことが証明できる。</u>

7.7 分解可能性と均等区割パラドックス（非一貫性パラドックス）の解消

α-ダイバージェンス（一般化エントロピー）の最小化による定数配分法は，アダムズ方式，アメリカ下院方式，サンラグ方式，ドント方式などの，Stolarsky 平均を閾値とする除数方式を導くわけで，除数方式である以上，第2章

---

[41] 結局 Huntington（1928）の5つの方式の一つである Dean 方式は出てこなかったが，第5章で紹介した網羅的比較の中で，Dean 方式のみが人を基準にした指標に支えられていなかったので，そもそも人と人との公平を求めた定数配分方法ではなかったと判断されよう。

[42] Balinski and Young（1982, p. 70, 邦訳 1987, p. 95）および定理4.3（p. 117）。

7.7 分解可能性と均等区割パラドックス（非一貫性パラドックス）の解消　105

表 7-5 α-ダイバージェンスと一般化エントロピーの同等性と導かれる除数方式

相対的危険回避度一定の効用関数 $u^\varepsilon(y_i) = \frac{1}{(1-\varepsilon)}(y_i^{(1-\varepsilon)} - 1)$		$\varepsilon \to \infty$ ロールズ型 $W^\infty = \min(y_i)$		$\varepsilon \to 1$ $u^1(y_i) = \ln y_i$	$\varepsilon = 0$ $u^0(y_i) = y_i$	
最大化されるべき Atkinson 型社会的厚生関数 $W^\varepsilon = \sum_{i=1}^{P} \frac{1}{(1-\varepsilon)}(y_i^{(1-\varepsilon)} - 1)$				$\varepsilon \to 1$ ナッシュ型 $W^1 = \sum_{i=1}^{P} \ln y_i$	$\varepsilon = 0$ ベンサム型 $W^0 = \sum_{i=1}^{P} y_i$	
最小化されるべき一般化エントロピー $GE^\alpha = \sum_{j=1}^{K} \frac{1}{\alpha} \frac{1}{(\alpha-1)} \frac{P_j}{P} \left(\left(\frac{a_j}{P_j} \middle/ \frac{H}{P} \right)^\alpha - 1 \right)$	$\alpha \to -\infty$ $\max_j \frac{P_j}{a_j}$	$\alpha = -1$ $\frac{1}{2}$ 双対平方変動係数	$\alpha \to 0$ 平均対数偏差	$\alpha \to 1$ タイル指数	$\alpha = 2$ $\frac{1}{2}$ 平方変動係数	$\alpha \to \infty$ $\max_j \frac{a_j}{P_j}$
最小化されるべき真の取り分から定数配分への α-ダイバージェンス（擬距離）の $\frac{1}{H} D^\alpha(a_j, \frac{P_j H}{P})$ $= \frac{1}{H} \sum_{j=1}^{K} \frac{1}{\alpha} \frac{1}{(\alpha-1)} \frac{P_j H}{P} \left(\left(\frac{P_j H}{P_j} \right)^\alpha - 1 \right)$	$\alpha \to -\infty$	$\alpha = -1$ $\frac{1}{2}$ 双対 χ^2値の $\frac{1}{H}$	$\alpha \to 0$ カルバック・ライブラー・ダイバージェンス $\frac{1}{H}$	$\alpha \to 1$ 双対カルバック・ライブラー・ダイバージェンスの $\frac{1}{H}$	$\alpha = 2$ $\frac{1}{2}$ χ^2値の $\frac{1}{H}$	$\alpha \to \infty$
最小化されるべき人口割合から定数割合への α-ダイバージェンス（擬距離） $D^\alpha(\frac{a_j}{H}, \frac{P_j}{P})$ $= \sum_{j=1}^{K} \frac{1}{\alpha} \frac{1}{(\alpha-1)} \frac{P_j}{P} \left(\left(\frac{a_j/H}{P_j/P} \right)^\alpha - 1 \right)$	$\alpha \to -\infty$	$\alpha = -1$ 双対 χ^2値	$\alpha \to 0$ カルバック・ライブラー・ダイバージェンス	$\alpha \to 1$ 双対カルバック・ライブラー・ダイバージェンス	$\alpha = 2$ χ^2値	$\alpha \to \infty$
導かれる除数方式の閾値 Stolarsky 平均 $\left(\frac{a_j^\alpha - (a_j - 1)^\alpha}{\alpha} \right)^{\frac{1}{\alpha-1}}$	$\alpha \to -\infty$ 下限	$\alpha = -1$ 相乗平均（幾何平均）	$\alpha \to 0$ 対数平均	$\alpha \to 1$ identric 平均	$\alpha = 2$ 相加平均（算術平均）	$\alpha \to \infty$ 上限
導かれる除数方式の伝統的名前	アダムズ Adams 除数切上	アメリカ下院 Hill 較差最小			サンラグ Webster 除数四捨五入	ドント Jefferson 除数切捨

で紹介したような人口パラドックス，アラバマパラドックス，新州パラドックスなどのパラドックスを引き起こすことはない[43]。それだけではなく，第2章の最大剰余方式や，第6章のGallagher指数において生じた，均等区割パラドックス（非一貫性パラドックス）とも無縁であることが，f-ダイバージェンスに由来するα-ダイバージェンス（一般化エントロピー）の分解可能性（decomposability）から示すことができる。

都道府県段階の定数配分の乖離ではなく，区割後の選挙区段階の乖離を評価することを考えてみよう。$j=1,\cdots,K$のK個の県それぞれが，$\iota=1,\cdots,I_j$のI_j個の選挙区に分けられ，それぞれの選挙区の人口が$P_{j\iota}$，定数が$a_{j\iota}$であったとしよう。各都道府県の人口は$P_j=\sum_{\iota=1}^{I_j}P_{j\iota}$，定数配分は$a_j=\sum_{\iota=1}^{I_j}a_{j\iota}$，総人口は$P=\sum_{j=1}^{K}P_j=\sum_{j=1}^{K}\sum_{\iota=1}^{I_j}P_{j\iota}$，総定数は$H=\sum_{j=1}^{K}a_j=\sum_{j=1}^{K}\sum_{\iota=1}^{I_j}a_{j\iota}$である。

区割後の選挙区段階の一般化エントロピー（α-ダイバージェンス）は

$$\mathrm{GE}^{\alpha}(a_{j\iota},P_{j\iota})=\sum_{j=1}^{K}\sum_{\iota=1}^{I_K}\frac{1}{\alpha}\frac{1}{(\alpha-1)}\frac{P_{j\iota}}{P}\left(\left(\frac{\frac{a_{j\iota}}{P_{j\iota}}}{\frac{H}{P}}\right)^{\alpha}-1\right)$$

$$=\sum_{j=1}^{K}\frac{1}{\alpha}\frac{1}{(\alpha-1)}\frac{P_j}{P}\left(\left(\frac{\frac{a_j}{P_j}}{\frac{H}{P}}\right)^{\alpha}-1\right)$$

$$+\sum_{j=1}^{K}\left(\frac{P_j}{P}\right)^{1-\alpha}\left(\frac{a_j}{H}\right)^{\alpha}\sum_{\iota=1}^{I_j}\frac{1}{\alpha}\frac{1}{(\alpha-1)}\frac{P_{j\iota}}{P}\left(\left(\frac{\frac{a_{j\iota}}{P_{j\iota}}}{\frac{H_j}{P_j}}\right)^{\alpha}-1\right)$$

のように変形することができる。右辺第1項は都道府県段階の定数配分の一般化エントロピー（α-ダイバージェンス）である。右辺第2項は各県内の選挙区段階の一般化エントロピー（α-ダイバージェンス）の加重（$\left(\frac{P_j}{P}\right)^{1-\alpha}\left(\frac{a_j}{H}\right)^{\alpha}$）和である。

均等区割を行った場合，j県のすべての選挙区ιの人口あたりの議員数は，県の人口あたりの議員定数に等しくなる（$\frac{a_{j\iota}}{P_{j\iota}}=\frac{H_j}{P_j}$）。したがって，上の式の右辺第2項は常に0になる。すなわち，選挙区段階の定数配分を評価する左辺

43　Balinski and Young（1982, 邦訳 1987）第8章および補論A。

と，県段階の定数配分を評価する右辺が常に等しくなるので，均等区割パラドックス（非一貫性パラドックス）が引き起こされることはない。

ちなみに，個人還元性が与えるこの寄与度分解可能性を使って，Wada (2010) が小選挙区採用国家間の比較をし，日本が多くの連邦制国会より定数配分の不平等が酷く，また，定数配分優遇県や冷遇県以外の区割が甘いことを指摘し，和田 (2010) が戦後直後から定数配分も区割も酷くなっていることを時系列的に明らかにしている。その後，和田・鎌原 (2016) は α-ダイバージェンスの α の値による検証結果の差異を確認し，そもそも比例ブロック間に不平等が大きいことにも目を向けている。**Wada and Kamahara** (2018) はそれらを国際比較に持ち込み，特殊な選挙区も含む各国の価値観を炙りだしている。また，**Kamahara, Wada and Kasuya** (2021) は，α-ダイバージェンスの時系列分解を行い，不平等が生じる経緯の各国間比較を示している。

さらに Wada and Kamahara (2024) は得票割合と議席割合の分析にこの寄与度分解を持ち込み

　　（政党間の獲得票と議席間の不均衡）
　　＝（いわゆる一票の不平等）
　　　＋｛（死票）－（政党内の獲得票と議席間の不均衡）｝

という恒等式を導出したうえで，選挙制度改革前は"一票の不平等"が"政党間の獲得票と議席間の不均衡"をほぼ説明し，選挙制度改革後は"一票の不平等"も残るが，"政党内の獲得票と議席間の不均衡"が打ち消しえない"死票"が主に"政党の獲得票と議席間の不均衡"を説明していることを示した。要は，選挙制度改革前の大選挙区単記非移譲式投票制（俗に言う中選挙区制）の自民同士討ち（派閥争い）は，都市部の多党化もあって，獲得票と議席の不均衡には寄与せず（死票お互い様），一票の不平等が自民の圧勝（獲得票と議席間の不均衡）を説明していたが，選挙制度改革後は，小選挙区における地方自民の安定的議席獲得と，都市部都道府県議選大選挙区や比例ブロック並立制がもたらすと思われる，都市部小選挙区のみの野党多党化が引き起こす"政党内の獲得票と議席間の不均衡"が死票をお互い様にせず，自民の圧勝（獲得票と議席間の不均衡は選挙制度改革前より酷い）をもたらしているということである。

7.8 州と州の平等ではなく，人と人との平等を

冒頭で紹介したように，州の真の取り分 $\left(\frac{P_j}{P}H\right)$ と州への実際の定数配分 (a_j)，あるいはそれと数学的に同値である，州の人口割合 $\left(\frac{P_j}{P}\right)$ と州の定数割合 $\left(\frac{a_j}{H}\right)$ の"距離"を最小化する最大剰余方式は，人口パラドックスや均等区割パラドックス（非一貫性パラドックス）を引き起こす。

ユークリッド距離やマンハッタン距離は，真の取り分から定数配分への距離の場合

$$\sqrt{\sum_{j=1}^{K}\left(a_j - \frac{P_j}{P}H\right)^2}, \quad \sum_{j=1}^{K}\left|a_j - \frac{P_j}{P}H\right|$$

であり，人口割合から定数割合への距離の場合

$$\sqrt{\sum_{j=1}^{K}\left(\frac{a_j}{H} - \frac{P_j}{P}\right)^2}, \quad \sum_{j=1}^{K}\left|\frac{a_j}{H} - \frac{P_j}{P}\right|$$

であるが，どちらも図7-3の左図[44]の各棒グラフの点線で示された高さ（真の取り分あるいは人口割合）と，塗りつぶされた高さ（定数配分あるいは定数割合）の差を，同じ重みで足し合わせたもの[45]であり，これは，人ではなく，1番から4番までの州を同じ重みで扱っていることになる。

われわれが求めるべきは人口分布から定数分布への乖離，擬距離（Divergence）であり，カルバック・ライブラー・ダイバージェンスは，真の取り分分布から定数配分分布の場合，

$$D^0\left(a_j, \frac{P_j}{P}H\right) = \sum_{j=1}^{K} \frac{P_j}{P} H \ln\left(\frac{\frac{P_j}{P}H}{a_j}\right)$$

$$= \sum_{j=1}^{K} \frac{P_j}{P}\left(H \ln\left(\frac{P_j}{P}H\right) - H \ln(a_j)\right)$$

であり，人口割合分布から定数割合分布の場合

---

[44] 図は $P_1=400, P_2=300, P_1=200, P_1=100, a_1=36, a_2=33, a_3=27, a_4=24$ で作図されている。
[45] 最大剰余方式をもたらす L^p norm 距離は一般に $\left(\sum_{j=1}^{K}\left(a_j - \frac{P_j}{P}H\right)^p\right)^{1/p}$, $\left(\sum_{j=1}^{K}\left(\frac{a_j}{H} - \frac{P_j}{P}\right)^p\right)^{1/p}$ といった形状で表される。差の測り方に差異はあっても，各州を同じ重みで扱っている点は共通である。

7.8 州と州の平等ではなく，人と人との平等を

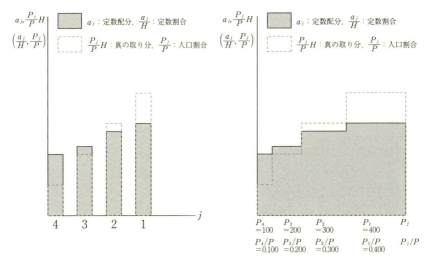

図 7-3　距離（左）と分布から分布への乖離，擬距離（右）

$$D^0\left(\frac{a_j}{H}, \frac{P_j}{P}\right) = \sum_{j=1}^{K} \frac{P_j}{P} \ln\left(\frac{\frac{P_j}{P}}{\frac{a_j}{H}}\right) = \sum_{j=1}^{K} \frac{P_j}{P}\left(\ln\left(\frac{P_j}{P}\right) - \ln\left(\frac{a_j}{H}\right)\right)$$

であるが，どちらも人口割合の重み $\left(\frac{P_j}{P}\right)$ を付けた形で，図 7-3 の右図のヒストグラム的グラフの点線で示された分布（真の取り分あるいは人口割合の分布）からの，塗りつぶされた分布（定数配分あるいは定数割合の分布）の乖離を扱っていることになる。カルバック・ライブラー・ダイバージェンスが含まれる α-ダイバージェンスはすべて同様で，州を単位ではなく，個人還元主義のもと，人を単位にしているからこそ，分離可能性を保ち，均等区割パラドックス（非一貫性パラドックス）を引き起こさないのである。

カルバック・ライブラー・ダイバージェンスが含まれる α-ダイバージェンスが，図 7-4 右図のような形で，真の取り分分布 $\left(\frac{P_j}{P}H\right)$ から定数配分分布 (a_j)，あるは人口割合 $\left(\frac{P_j}{P}\right)$ から定数配分割合 $\left(\frac{a_j}{H}\right)$ への乖離，擬距離（Divergence）を測っている[46]ように，平均対数偏差

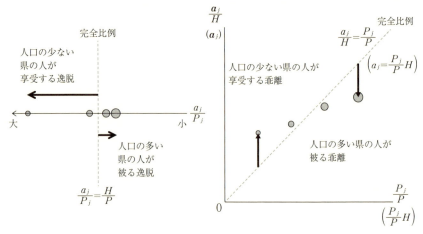

図 7-4 分布の逸脱，拡散（左）と分布の乖離（右）

$$GE^0(a_j, P_j) = \sum_{j=1}^{K} \frac{P_j}{P} \ln\left(\frac{\frac{H}{P}}{\frac{a_j}{P_j}}\right) = \sum_{j=1}^{K} \frac{P_j}{P}\left(\ln\left(\frac{H}{P}\right) - \ln\left(\frac{a_j}{P_j}\right)\right)$$

が含まれる一般化エントロピーは，完全比例からの逸脱，拡散（Entropy）を図 7-4 左図のような形で測っている[47]。

議員定数の人口あたり均等配分を点線で示し，人口あたりの議員数の分布の逸脱，拡散をヒストグラム的グラフで表現すると図 7-5 となる。右軸は一票の平等実現会議が示すところの "あなたの一票" となる。数値例の場合，一票の較差は 1：2.67 であり，一番軽んじられている 1 番の県の "あなたの一票" は 0.38 票となる。

横大道聡・倉持麟太郎・ケネス・盛・マッケルウェイン「シン憲法研究会」[48] において，倉持麟太郎弁護士が「少数者の権利に関わる声が届かない問題以上に少数の人たちが過剰に代表されている問題がある」という学生の言葉

---

[46] 個々の県の人口割合を円の面積で示している。
[47] 右図同様，左図も個々の県の人口割合を円の面積で示している。
[48] 横大道聡・倉持麟太郎・ケネス・盛・マッケルウェイン「シン憲法研究会」『このクソ素晴らしき世界』2023 年 6 月 21 日，https://www.youtube.com/live/TUoztqYEheA（2024 年 8 月 13 日段階で視聴可能）。

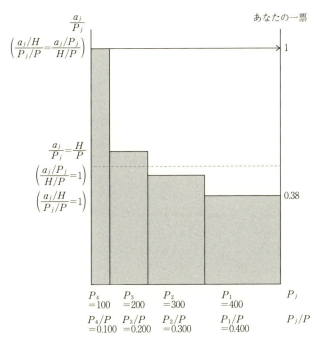

図 7-5 分布の逸脱，拡散のヒストグラム表現

を紹介していたが，図 7-5 を見て，直感的にわかるのは，一票の不平等という状況では，代表が押しつぶされている多くの人々がいるとともに，著しく代表が拡張される少数の人々がいるということである[49]。

実際，多くの人々が賛成しており，さらに強力な自民党支持団体であるはずの経団連や経済同友会などまでが「一丁目一番地として是非進めていただきたい」[50]，さらに踏み込んで「ビジネス上のリスクとなりえる事象」とまで言っ

---

[49] 2022 年 11 月 11 日の『東京新聞』「〈大図解〉主権を考える」で，実際のヒストグラム的グラフを紹介している。2022 年 7 月 10 日の参議院選挙当日有権者数，較差 1：3.03，一番虐げられている神奈川県，宮城県，東京都などの"あなたの一票"が 0.33 票などという，ここで作った数値例よりさらに悍ましい実際のデータを使っているために，合区から逃げ切った福井県をはじめとする一部の県の優遇度合いや，どういう県を押さえていけば 4 割の有権者（の過半数）で参議院選挙区選挙の過半数が得られるかなどが見て取れる。https://www.tokyo-np.co.jp/article/213338（2024 年 8 月 11 日確認）。

[50] 『朝日新聞』2024 年 3 月 9 日。

ている[51]ときに，選択的夫婦別姓制度が導入されない，あるいは強制的夫婦同姓制度が廃止されないのは，この少数の人々の過剰代表によるところが多いと思われる。すでに 1947 年に宮澤俊義が看破している[52]ように，夫婦同姓制度は，家族，家庭を守るものではなく，イエ制度の残滓である。兄が岸で弟が佐藤，孫世代でも兄が安倍で弟が岸と，子の人権など軽く無視して必死にイエを守っているような人々は，国連の女性差別撤廃委員会から何度も勧告を受けているように，国際的にはもちろん，国内的にも多数派ではない。7 代前の御先祖が大事と主張するカルトとは相性がよいかもしれないが，個人一人一人の幸せのためにはイエ制度の残滓を取り除く必要があり，そのためにも "One Person, One Vote, One Value"，一票の平等の確立は重要であろう。

---

51 『朝日新聞』2024 年 6 月 11 日，日テレニュース 2024 年 6 月 11 日。https://news.ntv.co.jp/category/economy/3e9a6960eeb84c68a15c323df9a9ac4f（2024 年 8 月 11 日確認）。
52 宮澤俊義（1947）「家破れて氏あり」『法律タイムズ』1（6・7）。

8. 一票の平等の追求〜参議院

> 議会の過半数を得るためには
> 有権者の過半数が必要であるべき

2010 年 12 月 22 日の西岡武夫参院議長提案ブロック
2019 年参院当日有権者数による定数配分
（サンラグ・アメリカ下院・ドント・最大剰余）

北海道	6
東北	9
北関東信越	11
南関東	23
東京	13
中部	17
関西	21
中国・四国	11
九州・沖縄	14

使用地図作成アプリ：https://n.freemap.jp/

8.1 比例近似追求方式における定数配分の限界

　第 1 章で紹介した March-Levitan の定理が数学的に示しているように，一人一人が平等である人間のみを基準に，どの県・選挙区も特別扱いしないで（すべての県・選挙区を同じように扱って）定数配分をするならば，各県・選挙区への定数配分は，人口に対して厳密に比例させなければならない。また，第 7 章までに示してきたように，各県の人口と，総定数が与えられれば，アダムズ方式からドント方式（Jefferson 方式）に至るさまざまな除数方式により，人口パラドックス等のパラドックスを引き起こさない比例近似の整数値として，人と人との平等に適う各州への定数配分を定めることができる。本書では，Huntington（1928）が推奨するアメリカ下院方式（Hill 方式）と，Balinski and Young（1982，邦訳 1987）が推奨するサンラグ方式（Webster 方式）の間に落ちる，除数対数平均方式を，すべての州に 1 議席を保証する定数配分方法として推奨した。しかし，参議院選挙区選挙のように改選総数が少なく，選挙区として使おうとする県の数が多ければ，何らかの測定法による，人口分布に一番近い整数値といっても，とても人口比例とはいえないような定数配分が示されることとなる。

　合区が取り入れられた 2015 年（平成 27 年）の公職選挙法改正より前から，参議院の選挙区改選総数は 73 であったが，2010 年（平成 22 年）の国勢調査で，東京都は鳥取県の 22 倍以上，神奈川県，大阪府は 15 倍以上，愛知県，埼玉県，千葉県も 10 倍以上の人口を擁しており，当時の参議院の選挙区改選数の 73 から 47 を引いた残りの 26 では，ざっくりとした値を示した上記の都府県のみに対してだけでも，とうていまともな定数配分などできないことが明らかなのである。表 8-1 に示したように，これら 6 県だけでも少なくとも 80 議席，上位 10 県なら少なくとも 108 議席もの議席が必要になるからである。2012 年（平成 24 年）10 月 17 日の最高裁判決が，都道府県を参議院の選挙区の単位として使うことを見直すよう迫ったのは，あまりにも当然のことなのである。

　国際機関はもちろん，連邦制国家などで，個々の constitution（憲法）のもと，各 state（州，国）が財政的（経済的）に独立しており，連邦からの離脱

表 8-1 2010 年（平成 22 年）人口データによる，少なくとも必要な参議院追加改選数

順位	都道府県名	2010年平成22年国勢調査人口	何倍か鳥取県の人口	少なくとも必要鳥取より多く県追加改選数	何倍か徳島県の人口	少なくとも必要徳島より多く県追加改選数	何倍か石川県の人口	少なくとも必要石川より多く県追加改選数
1	東京都	13,159,388	22.35	21	16.75	15	11.25	10
2	神奈川県	9,048,331	15.37	14	11.52	10	7.74	6
3	大阪府	8,865,245	15.06	14	11.29	10	7.58	6
4	愛知県	7,410,719	12.59	11	9.43	8	6.34	5
5	埼玉県	7,194,556	12.22	11	9.16	8	6.15	5
6	千葉県	6,216,289	10.56	9	7.91	6	5.31	4
7	兵庫県	5,588,133	9.49	8	7.11	6	4.78	3
8	北海道	5,506,419	9.35	8	7.01	6	4.71	3
9	福岡県	5,071,968	8.62	7	6.46	5	4.34	3
10	静岡県	3,765,007	6.40	5	4.79	3	3.22	2
34	石川県	1,169,788	1.99	0	1.49	0	1.00	0
44	徳島県	785,491	1.33	0	1.00	0	0.67	—
47	鳥取県	588,667	1.00	0	0.75	—	0.50	—
上位10県だけで少なくとも必要な追加議席数				108		77		47

もありうるような状況においては，各 state に最低 1 議席を保障する必要があるであろう。しかし，財政的にも独立した州が連邦を組んだアメリカやカナダの州と違い，明治時代の薩長藩閥政府が，その中央集権的国家統治のために置いたにすぎない都道府県に，各 1 議席ずつ保証する根拠はない。国内外を自由に動く人に関わることこそを国政は扱うべきであり，その意思決定に携わる代理人を選ぶ基準としては，人と人との平等のみが唯一無二であるべきなのである[1]。

---

1 Oates (1972) の分権化定理 (decentralization theorem) が推奨する，（各自治体の独立した財政運営による）地方分権がもたらすであろう，効率性の達成は重要である。固定資産税，都市計画税といった税制の理念にも適う。すなわち，地域が地域に帰属する公共事業，公益事業等を地域の財源で行うのは望ましいが，それならば国政に参与する必要はない。（ただし，現在の日本の自治体が地方公共財供給の主体として相応しい担い手になっているかどうかは疑わしい。基礎自治体は，市町村合併等により望ましい方向に動いているようにも思われるが，日々の通勤で軽やかに境界を越えられる広域自治体（都道府県）は，生活人のための自治体間の coordination（調整）がうまくいっていないところも多々見られ，道州制が望まれるところであろう。）

8.2 節操なき鮮少なる参院合区

　2012年（平成24年）10月17日の最高裁判決の対象になった2010年（平成22年）7月11日の第22回参院選の一票の不平等は，判決に使われた当日有権者数で1：5.004，最も虐げられた神奈川県に住む人たちの1票は0.2票分の価値もない，5人集まっても1票にもならないといった悍ましい状況[2]であり，合憲判決が出なかったのは当然であろう。

　ちなみに，2012年（平成24年）に行われた参院選挙区の定数是正は，都道府県別の選挙区改正に踏み込むものではなく，神奈川県，大阪府の両改選数を3から4に増やし，福島県，岐阜県の両選挙区の改選数を2から1に減らすだけのものであった[3]。その結果2013年（平成25年）7月21日に行われた第23回参院選の一票の不平等は，当日有権者数で較差1：4.769，最も虐げられた北海道に住む人たちの1票は0.21票に過ぎず[4]，当然のことながら，2014年（平成26年）11月26日の最高裁判決も違憲状態であり，再び都道府県を単位として定数を設定する制度の見直しが求められた。

　2013年（平成25年）9月27日から2014年（平成26年）12月26日にかけて31回にわたり開催された参議院選挙制度協議会[5]の報告書[6]によると，各党の主張は，合区，あるいはブロック制が中心だったようである。合区を繰り返せばブロックができるわけで，合区とブロック制に不連続なところはない。当然のことながら列記された各党の案は，その党に都合のよいものとしか思えず，大政党は内部すらまとめられなかったことが垣間見られる。

---

[2] 鳥取県選挙区当日有権者数485,912，改選数1に対し，神奈川県選挙区当日有権者数7,294,561改選数3。

[3] 参議院選挙区選挙は半数改選なので，新聞などでは改選数の2倍の定数で増減数を表現し，4増4減などと呼ばれた。

[4] 鳥取選挙区当日有権者数482,192，改選数1に対し，北海道選挙区当日有権者数4,598,957，改選数2。

[5] https://www.sangiin.go.jp/japanese/kaigijoho/kentoukai/kyougikai_keika.html（2024年8月11日確認）

[6] https://www.sangiin.go.jp/japanese/kaigijoho/kentoukai/pdf/senkyoseido-houkoku-n.pdf（2024年8月11日確認）

2015年（平成27年）の公職選挙法改正で成立したのは，鳥取県・島根県，徳島県・高知県の合区のみであった。宮城県，新潟県，長野県が改選数2から1，東京都が5から6，愛知県が3から4，北海道，兵庫県，福岡県が2から3となった[7]が，定数配分で使用が可能であった2010年国勢調査の人口でも，ぎりぎり3を切る1：2.974。実際のところ，当時使用可能だった2013年（平成25年）参院選の当日有権者数だと，較差1：3.023。埼玉県に住む有権者の一票は0.33票，埼玉県民には3人合わせて一人前に足らずとも十分ということを堂々と示した失礼な案であった[8]。

堀田・根本・和田（2019）は，グラフ理論を活用し，改選数73でも，3カ所の合区を許し，44選挙区（ブロック）にすれば一票の最大較差を3倍未満にでき，8合区を許し，39選挙区（ブロック）にすれば2倍未満を達成することを示した[9]。しかし，一票の較差1：2未満なら平等といえるのか，1：3未満ではいけないのか，それなら1：5でも許されるのではないか。これは匙加減論であり，一票の不平等の放置原因になっているといっても過言ではなかろう。

8.3 統治論からの要求

憲法がI, IIと分けられて講じられるとき，取り扱われる内容は「基本的人権論」と「統治論」とになる。本書はここまで「個人が一人の人間として尊厳を持って生きるための基本的な権利」として一票の平等（One Person, One Vote, One Value）を説いてきたわけだが，ここで，「『みんなで決める』という，民主主義の考えを実行していくための制度としての政治のしくみ」を講ずる「統

---

[7] 新聞などでは10増10減などという表現も使われたが，改選数では5増5減。合区・ブロックとしてはほぼ最低のわずか2合区であり，本質を外した弥縫策であったことは間違いない。

[8] ちなみにこの2013年有権者数データでは，この2015年に増やされた東京都民も1人0.36票になったに過ぎず，2012年に増やされたままの神奈川県民は0.35票，大阪府民は0.36票に放置され，すべて半人前にもほど遠い状況であった。

[9] ちなみにこのSimulationは2015年国勢調査の「日本国民の人口」データが使われているが，鳥取県・島根県，徳島県・高知県に加え，石川県・福井県の合区が3倍を切るために必要不可欠だったという帰結は頑健である。（もちろん，その頑健さをも破壊する政治力を発揮したのが，2012年の総選挙で引退したはずの衆院石川2区選出元内閣総理大臣だったことは各種報道で垣間見られたところかもしれない。）

治論」の力を借りて，一票の平等はどこまで追求されるべきかの考察を行いたい。

升永 (2020, p. 1) は，選挙における国民の「主権」行使の本質論として，【選挙とは，「主権」を有する国民[10]が，「主権」の行使として，「両議院の議事」[11] を「正当に選挙された国会における代表者を通じて」[12]，（すなわち，間接的に）国民の多数（すなわち，50% 超）の意見で，可決・否決するために，国会議員を選出する手続きである】ことを主張し，【国会議員の過半数（50%超）】の賛成または反対の投票が，（国民の過半数（50% 超）から選出された）【国会議員の半数未満】の投票に優越して，「主権」の内容の一たる，「両議員の議事」の可決・否決を決定することが起こりうることがあってはならないと要求している[13]。

詳細は升永 (2020) に譲るが，この要求は，一票の重みの重い選挙区から順番に有権者数（あるいは人口）を足していき，対応する定数が 50% を超えたとき[14]に積み上げてきた有権者数が 50% を超えていなければいけないことを要求することになる。過半数を示す定数割合は，語義からして必ず 50% を超えるが，総定数が十分に大きければ，最後の 1 議席がもたらす超え幅は小さい。その際に，議員 1 人あたりの有権者が少ない（一票の重みの重い）側から積み上げてきた有権者数が 50% を超えているという要求はかなり厳しいものだが，全国区の比例代表制にでもするしかないのかというと，そうではない。実は現実政治の中で達成しえていたのである。

2010 年 12 月 22 日に西岡武夫参院議長が提示した 9 ブロック案（38 合区）というものがある[15]。このブロック案を使うと，【国会議員の過半数（50%）超】の賛成を得るには【有権者の過半数（50%）超】が必要になるような選挙が構築可能であることを示しうる。

---

[10] 憲法第 1 条。
[11] 憲法第 56 条第 2 項。
[12] 憲法前文第 1 項第 1 文冒頭。
[13] 升永 (2020, p. 4)。
[14] 定数が複数の選挙区が閾に来たときには人口（あるいは有権者数）を按分する。
[15] 『毎日新聞』2010 年 12 月 22 日夕刊 1 面。『読売新聞』2010 年 12 月 23 日朝刊 2 面，『朝日新聞』2010 年 12 月 23 日朝刊 4 面。

表 8-2　西岡提案 9 ブロックに対する総改選数 124 の中庸な除数方式による改選数配分

ブロック名	改選数配分	当日有権者数	議員1人あたりの有権者数
北海道	5	4,569,237	913,847
東京	13	11,396,789	876,676
南関東	23	19,710,974	856,999
九州・沖縄	14	11,943,145	853,082
中国・四国	11	9,380,796	852,800
北関東信越	11	9,360,609	850,964
関西	21	17,807,980	847,999
中部	17	14,207,767	835,751
東北	9	7,508,766	834,307

注：令和 1 年（2019 年）第 25 回参院選選挙区当日有権者数と総改選数 124 を使用。

　2019 年の第 25 回参院選選挙区有権者数および，その総改選数を使い，升永 (2020) に従って過半数を得るために必要な有権者数を求めてみよう。総改選数はこのときの選挙区総改選数 74 と比例区改選数 50 を足し合わせた 124 である[16]。

　西岡提案の 9 ブロックに対し，総改選数 124 を持って，この選挙の際の当日有権者数に従い，最大剰余方式および，アメリカ下院方式（閾値幾何平均方式），閾値対数平均方式，サンラグ方式（閾値算術平均方式）などの中庸な除数方式が与える（さらにはこの場合，ドント方式も与える）比例近似の定数配分を示す（表 8-2）。

　124 の過半数は 63 である。この議員を支える有権者を，議員 1 人あたりの有権者数が少ない方（一票の重みの重い方）から，東北，中部，関西，北関東信越と足していくと，そこまでの改選数は 58 で，当日有権者数は 48,885,122 である。残り 5 の改選数を，配分数 11 の中国・四国の当日有権者数の 5/11 が対応するとすると，総計 53,149,121 となり，較差 1：1.095，一番虐げられたブロックの "あなたの 1 票" は 0.91 票ながら，有権者総数の過半数（50.20％）となる。一票の重みの重い選挙区から順番に有権者数を足していき，対応する定数が 50％ を超えたときには，積み上げてきた有権者数が 50％ を超えるわけ

---

[16] 詳細は拙論「一票の平等はどこまで求められなくてはいけないか」(2020 年 12 月 6 日公共選択学会）を参考いただきたい。https://note.com/juniwada/n/naa6c7a7015b5

で，無事，升永（2020）のいう統治論からの要求を満たすことになるのである。

8.4 大選挙区制

2013年から2014年にかけて開催された参議院選挙制度協議会に登場した，参議院選挙区選挙における合区とブロック制は，堀田・根本・和田（2019）がグラフ理論を使って扱ったように，シームレスなものである。合区を続ければブロック制が誕生する。しかし，合区という言葉の採用の背後には小選挙区（Single-Member District）中心の発想があり，ブロック制は大選挙区（Multi-Member District）が想定される[17]。そもそも現行の参院選挙区選挙でも，圧倒的多数の人は小選挙区である1人区の県には住んでいない。たとえ参院選の勝敗を決めるのが少数の人が住む1人区[18]（小選挙区）であったとしても，圧倒的多数の人が1人区には住んでいない[19]以上，一票の不平等に加えた，1人区が勝敗を決めるというこの制度のさらなる歪みを指摘する[20]必要はあっても，合区といった1人区（小選挙区）を中心とした発想で新たな制度を描くことは著しく不適切なことであろう。

代議制には，議会を構成する議員が国民の縮図であるようにするという比例代表の原理と，議会を構成する議員が個々の選挙区の多数によって支持されているという多数代表の原理がある。多数代表の原理を表出させる[21]のが小選挙

---

[17] 中選挙区という言葉は日本独特のもので，英語にもならないし，選挙区サイズの定義も不明瞭であり，単記非移譲式投票（Single Non-Transferable Voting）という問題の本質も"中"という響きの良さの中に覆い隠してしまうので使用を控えたい。

[18] 参院選の際には必ず登場する，本質を突いたフレーズだが，直近では『朝日新聞』2022年7月11日朝刊1面，『読売新聞』2022年6月3日朝刊4面，『毎日新聞』2022年6月2日朝刊5面など。

[19] 議論のあった2013年の参院選の1人区に住んでいた人口は，当時利用可能であった2010年の国勢調査人口で40,889,621人，2人区以上の都道府県に住んでいた人口は87,167,731人である。ちなみに1人区に対しては31の議席が配分されていたのに対し，2人区以上に配分されていたのは42議席のみであった。

[20] 和田（2013a）図14，図15が，民主党政権がlame duckとなった原因の2010年の参院選を一目でわかるようにしている。要は与野党1議席ずつになる2人区と，比例性を示すそれ以上の区に多く（一票が軽く）住み，少数の人が（一票が重い）1人区で日本全体を動かす形になっているということである。アメリカ大統領選挙を事実上決めるswing states（battleground states）が中間的な州であるのに対し，日本の参院1人区は，一票の不平等で優遇されているうえに，その特性が明らかで，問題が大きい。

区制 (Single-Member District) であり，比例代表の原理には大選挙区制 (Multi-Member District) が必要不可欠である。一つの院をなすのに，住んでいる地域によって異なる原理が強いられるのは甚だしく不適当であろう。議員内閣制のもと，内閣総理大臣を選出し，一つの内閣を形成することが期待される第一院で多数代表原理～小選挙区制[22]が使われるならば，第二院においては比例代表原理～大選挙区制（ブロック制）が使われるのは望ましいことのように思われる。

8.5 大選挙区のサイズ

一つの選挙区で2人以上を選ぶ大選挙区制 (Multi-Member District) は，通常比例代表の原理のもとにあると考えられる[23]。第二次世界大戦後，貴族院を廃止し，新たに設置された参議院は，小選挙区および改選定数2～4の大選挙区が雑多に混ざった都道府県単位の地方区に，改選定数50の大選挙区が全国区として並立される形でスタートした。

大選挙区は定数が大きければ大きいほど比例代表の原理が高まり望ましいと

---

[21] 絶対多数 (majority, 過半数) を求めるのか，単なる相対多数 (plurality) でよいのかというのが重要な問題となる。デュベルジェの法則 (Duverger's Law) が主張するように小選挙区相対多数制が2大政党（2候補者）を招くなら両者に差はないが，郡部はともかく県庁所在地等の都市部では大選挙区制 (Multi-Member District) になりがちがちな日本の都道府県議会に鑑みると，国政小選挙区に対する汚濁効果 (contamination effect) も強く（堀内・名取 2007；名取 2013)，候補者が乱立しやすい。和田 (2013a) が描くように，なかなか2候補者にならず，絶対多数代表としての正当性の確立が難しい日本の小選挙区においては，オーストラリアなどで採用されている選択投票制 (Alternative Vote, Instant Runoff, 小選挙区における単記移譲式投票制 (Single Transferable Voting, STV) とも理解できる）を採用して，絶対多数代表としての正当性を確保すべきところなのかもしれない。これは首長選などもそうであり，しばしば候補者が多いことを是とするマスコミ報道には違和感を覚える。

[22] ちなみにこの小選挙区制は地理的（空間的）な選挙区である必要はないかもしれない。地理的な区割は，議員の目を地理的な選挙区に向けてしまいがちである。Oates (1972) の分権化定理が示唆するように，国政は，公共事業などによってなされる，個々の地方から動かないハコ物や地方道，地方鉄道などの，不動産たる地方公共財，地域に帰着する財に関わるのは相応しくなく，自由に国内外を動く人のために存在すべきである。そして，地域を超える大きな外部性を持つ外交・安全保障や基礎研究等を除くと，国政が，保育，教育，医療，介護，社会保障のような世代間の利害調整が中心であることに鑑みるとき，井堀・土居 (1998) や井堀 (2008) が提案する年齢別選挙区というのも，完全な一票の平等も可能にするだけに，望ましいかもしれない。

[23] もちろん，小党殲滅の制度ともいわれる連記制などが採用されればその限りではない。

考えられるかもしれないが，そう単純でもない．例えば，50万票，50万票，1万票の得票で，A党，B党，C党が，総定数101の議会でそれぞれ50議席，50議席，1議席を得たとしよう．完全に比例代表が成り立っているわけだが，議会において過半数で法案を成立させるためには{A, B}, {A, C}, {B, C}, {A, B, C}のいずれかの賛成が必要なわけで，A党，B党，C党の3党が全く同じ力を持つことが確認できる[24]．1万票の支持による小政党が，50万票の支持を持つ2つの大政党を振り回すことができるこの状況は，the tail wagging the dog，尻尾が犬を振る状況と呼ばれる[25]．

ワイマール共和国時代の小党分立による政治の不安定がナチスの独裁を招いたとの反省から，比例代表制にはしばしば阻止条項というのが設けられる．通常，5%の得票を得られなかったならば全く議席が得られないというものだが，実はそれほど厳しいものではない．定数19の場合，ドループ基数[26]は5%強になるわけで，A党95万票（47.5%弱），B党95万票（47.5%弱），C党10万1票（5%強）の得票で，A党，B党は9議席，C党は1議席[27]を得て，C党は前記の数値例同様，A党，B党と同等の力を持ってしまうからである．

---

24 投票力（Voting Power）についてはシャープレイ＝シュービック指数（Shapley-Shubik Index），バンザフ＝コールマン指数（Banzaf-Coleman Index）などを使った測り方が知られているが，A党，B党，C党が同じ投票力を持つというのはどちらの指数によっても示される．詳しくは和田（2022）を参照されたい．

25 2009年第44回衆議院総選挙の結果成立した鳩山内閣は，173臨時国会開会時に民主党・無所属クラブとして衆院480議席中311議席を持っていたのにもかかわらず，3議席しか持たない国民新党，7議席しか持たない社会民主党との連立政権であった．参議院においては，これらの政党の協力を得て242議席中125議席を確保できたに過ぎなかったからである．最前列に亀井静香国民新党代表，福島瑞穂社会民主党党首が並ぶ組閣時の階段写真を見ると，このときの両党のvoting powerが見て取れる．実際，1年に満たない鳩山内閣時に印象的なのは，郵政民営化へのブレーキと沖縄基地問題のドタバタである．前者はもちろん国民新党のsingle issueだが，後者も，鳩山由紀夫氏個人の"最低でも県外"という"思い"は是としても，民主党案件というよりは，社会民主党案件である．2007年の参院比例区で，沖縄県の有効投票数は全国の1.01%，民主党の得票比率は0.56%に過ぎないのに社会民主党のそれは4.80%，2010年の有効投票数は0.91%で，民主党0.64%に対し社会民主は5.35%．社会民主党にとって沖縄問題は重要案件であり，社会民主党が2010年5月の辺野古回帰で連立政権離脱，鳩山内閣総辞職の引き金を引くことになる．

26 有効投票総数中，これだけの票を得たら，他の候補者の得票状況にかかわらず確実に1議席は取れないとおかしいという考え方に基づく得票数．有効投票総数を（定数＋1）で割り，商の次の整数をもって定められる．和田（2022）参照．

27 この得票例の場合，ドント方式，サンラグ方式はもちろん，比例代表制には使ってはならないアダムズ方式に至るまでのすべての除数方式，および最大剰余方式は，この議席数を与える．

ある特定の割合を超えるといきなり多くの議席を得る[28]といった阻止条項方式より，定数をあまり大きくしないやりかたの方が議席配分は滑らかになる。たぶん，5%条項に相当する19よりもう少し少ない，10%条項に相当する9もあれば十分に比例近似と言える状況を生み出せるのではなかろうか[29]。委員会を作るために必要な議会のサイズ[30]はあるが，各ブロックの定数9でブロック数が10なら90，20なら180人を選ぶことができるので，選挙区と比例区を合わせた現行改選総数に相当させることは十分に可能であろう。

8.6　大選挙区単記移譲式投票制

　大選挙区において，比例性を確保するのに一番簡単な方法は拘束名簿式比例代表制である。要は，各政党が候補者の順位を決め，有権者は政党名で投票し，その得票数に応じて議席を配分し，各政党の順位の上から当選者にするというものである。日本でも1982年に参議院比例区として導入され，1983年の第13回通常選挙から1998年の第18回通常選挙まで使用された。しかし，共産党，公明党以外に，組織政党と呼べる政党がない日本においては，党内の順位を的確に決めることができず，しばしば順位付けの基準にされた党員集め等で悲喜劇が起こったことが伝えられている。

　人を選びたがる有権者側からも評判が悪かったことから，2000年に導入され2001年の第19回通常選挙から使われているのが非拘束名簿式である。具体

28　それまではその分の議席を大政党が得ることになる。
29　実際のところ，20%条項相当でもいいとすれば，定数4でよくなる。これは，3〜5で始められた衆議院の通称中選挙区（理論的には大選挙区）制と同等である。A党2,001票，B党1,999票，C党1,001票で2議席，1議席，1議席となるわけだが，これだと，A党の強さ，特にB党と比較してのそれを問題視する人はいても，the tail wagging the dog，尻尾が犬を振る状況とは呼びづらいかもしれない。ちなみに，25%条項などというものを作れば，定数3である。A党375票，B党375票，C党251票，あるいは499票，251票，251票で1議席，1議席，1議席となるわけだが，voting powerの問題を持ち出す人はいないであろう。
30　本書では，議会の総定数に関しては議論を進めないが，国政はともかく，町村議会などでは，人口何人で1人の議員を支える（喰わせる）のかをよく考えた方がよいように思われる。要は，議員のために1人あたりいくら払う気があるのかである。最低限の議会サイズ（議員数）はあったとしても，それを支えるべき人の数が足りないとするならば，議会制を維持する限り町村合併は必然であろう。

8.6 大選挙区単記移譲式投票制

的には，政党名以外に候補者名で票を投ずることも認め，個人得票数の順を党内順位として当選を決めていくというものである。細田博之氏（島根1区選出）の主導で，合区により固有の選挙区を失った島根県，鳥取県，徳島県，高知県すべてから確実に当選者が出るようにするため，2019年の第25回通常選挙から当選順位を優遇する特定枠制度が導入され，理論上は完全な拘束名簿的使い方もできるようになったわけが，有力政党では極端な動きは見られず，やはり個人名での得票が好まれているところがあるのかもしれない。

参議院比例区以外の大選挙区では比例代表制導入の動きはなく，今も地方議会選挙や参議院選挙区選挙で使われている選挙制度は，大選挙区単記非移譲式投票制（Multi-Member District with Single Non-Transferable Voting, MMD with SNTV）と呼ばれるものである。要は，複数の議員を選ぶ選挙区なのにもかかわらず，1人しか名前を書くことができず，比例性に比して余ったり足りなかったりしたときも得票の移譲ができないという，非合理的な方法ということである。アイルランドやマルタが使っている大選挙区単記移譲式投票制（Multi-Member District with Single Transferable Voting, MMD with STV）だと，あらかじめ投票者が順位付けた票の移譲により比例性が確保[31]され，高名な哲学者，John Stuart Mill（1806-1873）の支持もあり，"手間がかかるが理想の比例代表制" として広く知られていたわけだが，単記非移譲式投票制（SNTV）は，日本以外だと，韓国，台湾などの日本の旧植民地での使用が知られていたぐらいだったためか，Election Japanese style（日本型選挙制度）とまで呼ばれたこともある，特異な選挙制度なのである。本書では，学術的にも通用し，この選挙制度の問題点をその名に織り込んだ，大選挙区単記非移譲式投票制という名前を使っていく。

1947年の第1回参議院通常選挙から1980年の第12回通常選挙までは，現在の比例区に相当する全国区でも，改選定数50で大選挙区単記非移譲式投票制が使われた。全国を対象にした大きな選挙区で，残酷区，銭酷区とも呼ばれ

---

31 具体的には，他の候補者の得票状況にかかわらず必ず当選できる，有効投票総数を総定数に1を加えた数で割った商の次の整数をドループ基数と定め，それ以上の票を取った候補者の票の余剰分を有権者の投票用紙に書かれた順に移譲し，移譲ができなくなったところで下位候補者の票を解体，投票用紙に書かれた順で移譲するという作業を繰り返す。詳細は和田（2022）を参照されたい。

表 8-3　1980 年第 12 回参院通常選挙

1 位	市川房枝	無新	2,784,998	
3 位	鳩山威一郎	自現	2,005,694	
23 位	福間知之	社現	843,232	
50 位	和田静夫	社現	642,554	最下位当選
51 位	秦　豊	社民現	627,272	次点（繰り上げ当選）
52 位	安永英雄	社現	623,252	
53 位	渡辺武	共現	621,145	
54 位	内藤功	共現	617,768	
55 位	命苫孝英	自新	605,410	

る一人一人の候補者が自分の名前を書かせようと戦う過酷な選挙だったそうで，実際，1980 年の第 12 回通常選挙において，投開票日に向井長年氏が死去したことがきっかけとなり，決められた名簿順位のもと，政党単位で戦う比例代表制に移行したといわれる。ただし，面積だけでいうなら，アメリカの上院選において，広大な北極圏を持つアラスカ州を別にしても，テキサス州，カリフォルニア州，モンタナ州といったところは，日本より面積が大きいわけで，全国区が過酷な戦いをもたらす原因は，大選挙区単記非移譲式の非合理さがもたらす，（政策的にも近い）同一政党内をも含む個人戦にあったと思われる。

　表 8-3 は 1980 年の第 12 回参院通常選挙の開票結果である。1 位当選の市川房枝と最下位当選の和田静夫の得票の較差は 1：4.33 にもおよび，議会内では同じ 1 議席になる市川への投票者の 1 票は，和田のものに比べて 0.23 票分の価値に押しつぶされているものと考えられる。また，トップ当選の市川はドループ基数の 2.54 倍もの得票を得ているのに対し，最下位当選の和田の得票はドループ基数の 59％ に過ぎないという考え方もできる[32]。市川の得票のうちドループ基数の 1.54 倍分はムダ，死票であるとも考えられよう。また，53 位と 54 位には共産党の共倒れも観察できる[33]。落選者に入れる票は死票となる

32　朝日，読売などの新聞データだが，得票総数は 55,957,732 票であり，他の候補者の得票状況に関わらず必ず当選できるドループ基数は，総定数の 50 に 1 を加えた値で割った商の次の整数である（$\left[\frac{55957732}{50+1}\right]+1$）=1097211 となる。

わけだが，ドループ基数の57％，56％を取った両候補者の票を合わせればドループ基数の113％，それ以外の候補者の得票がどのようであっても1議席は取れたはずで，残念な結果だったと思われる．また，55位の自民党候補はドループ基数の55％を取っていることから，3位の自民党候補がドループ基数の1.83倍のうち83％ポイント分とまでいわずとも45％ポイント分ほど回してもらえればそれ以外の候補者の得票がどのようであっても当選できた．落選者に入れた票も死票だが，当選者に入れすぎた票も有効活用されなければ死票である．

1人区を除く圧倒的多数の人々が住む参院選挙区，都道府県議会のうち多くの都市部選挙区，すべての市町村議会などは大選挙区である．単記非移譲式投票制が使われており，毎回の選挙で，上のように比例性が崩され，また同士討ちが強いられている状況を見ることができる．

市町村議会にはまだ多くの無所属候補も見られ，拘束であれ，非拘束であれ，政党を前提とする比例代表制は考えられず，定数10未満の大選挙区単記移譲式投票（STV）を採用してもよいと思われる．実際のところ，定数3から7ぐらいで，候補者に順番を付ける大選挙区単記移譲式投票制が，政党制が頼りなく，個人名により選ぶことを好む日本人に，思う存分自己表明させ[34]，なおかつ大選挙区単記非移譲式投票制（SNTV）が多発させるような非合理な結果を生まないかもしれない[35]．

また，第二院や地方議会の選挙が大選挙区制ならば，衆議院の比例区を廃止したところで，衆院小選挙区の候補者が2人になり，選挙開始時点で絶対多数

---

[33] 組織政党である共産党と公明党は選挙巧者として知られ，当選ライン上ギリギリのところに当選者が並ぶのが常とされるが，時にこのようなミスが起こる．最近でも，2022年の統一地方選練馬区議選では，48位から54位まで綺麗に公明党候補が並び，定数50なので当選3人，落選4人となった．当然，候補者を絞ればこの付近だけでより多くの当選が可能だったはずだが，そもそも，大選挙区単記非移譲式投票制が強いるこのような技巧は，政党，候補者，そして有権者に対する余計な負担である．

[34] 実際のところ，人間が区別できるのは5〜9段階程度なのかもしれない．Miller, G. A. (1956) "The magical number seven, plus or minus two: Some limits on our capacity for processing information," *Psychological Review*, 63(2), pp. 81-97. https://doi.org/10.1037/h0043158（2024年8月11日確認）．

[35] 当然記号式投票制になる．自書式投票制における按分票などの問題も起こらず，開票の機械化も進む．投票用紙の印刷などの些末な問題はいかようにでも解決可能である．

の保証が確実になることは難しい。衆院小選挙区や，1人区である首長選などにおいても，小選挙区の単記移譲式とみなせる選択投票制（Alternative Vote, Instant Runoff）を採用し，相対多数ではなく絶対多数代表としての正当性を確保し，多数代表性の本義が示されるべきかもしれない。

9. 定数配分の基準～総人口，当日有権者数，そして"日本国民の人口"

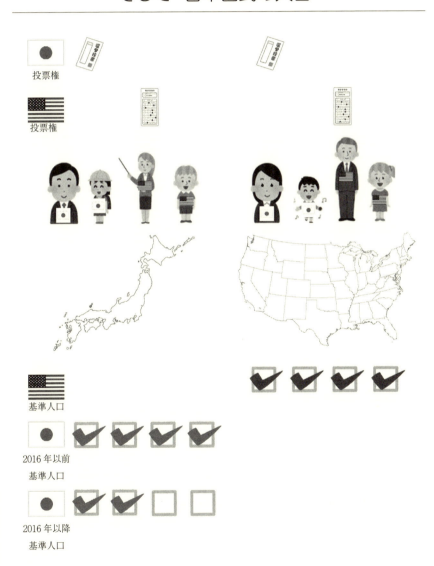

地図出典：https://tokyo-teacher.com/article/dj-61-ge/dj-ge-55-map/dj-ge-map-415-us/
　　　　　https://happy-clover.com/download/japan-map.html
イラスト出典：https://www.irasutoya.com/p/faq.html

ここまであまりこだわらずに議論を進めてきたが，ここで議員定数配分の基準について確認したい。世界的に見ると，議員定数配分の基準には大きく分けて2つあると考えられる。鎌原・和田 (2023) 表2がACE projectデータを使ってまとめているが，データが得られている76ヵ国のうち，ほぼ半数の国が総人口を使い，1/4強の国が登録有権者数を使っているようである[1]。

そもそも，総人口を調べる近代国勢調査は，1790年にアメリカ合衆国が下院の定数配分を実現するために行った[2]ことに始まる[3]わけで，総人口を議員定数配分の基準に採用している国がほぼ半数であることは，自然なことかもしれない。ちなみに総人口とは，アメリカ国勢調査局が明確に述べているように，all people (citizens and noncitizens) with a usual residence in the United Statesであり，国内に住んでいる人の数であって，国籍による排除はない[4]。

日本においても1994年の選挙制度改革以降，1人別枠方式（1＋最大剰余方式）という歪んだ定数配分方法ながら，1990年，2000年の国勢調査での総人口が，各都道府県への衆院小選挙区定数配分に使われてきた。世界的な議員定数配分基準の二大規範である総人口と有権者数とはかなり相関が高く[5]，気にしない人も多いかもしれないが，1925年（大正14年）の男子普選より前の制限選挙の時代に遡ると，都道府県への定数配分が，高額納税者である有権者数割合ではなく，総人口割合の方に近かったことも確認ができ[6]，日本が当初か

1　これ以外に，総人口に手を入れた国民人口，投票年齢人口，有権者数に手を入れた前回選挙投票者数などの使用が確認できる。

2　アメリカ合衆国憲法第2条第3項。

3　https://www.stat.go.jp/data/kokusei/2015/kouhou/ayumi-01.html（2024年8月23日確認）。

4　ちなみにこれは，"Are unauthorized immigrants included in the resident population counts?"という質問に対する "Yes, all people (citizens and noncitizens) with a usual residence in the United States are included in the resident population for the census."という回答からの抜粋であり，非正規移民（不法移民）も人口に含まれるという回答である。たとえ不法滞在であっても，一旦は政府が入国許可しているケースがほとんどである日本と違い，アメリカの場合は，勝手に陸続きの国境を渡ってくる不法移民も多いわけだが，それらも人口として数えると明言しているのである。https://www.census.gov/topics/public-sector/congressional-apportionment/about/faqs.html（2024年8月4日確認）。

5　現在の日本に関しては，鎌原・和田 (2023) のオンライン補遺を参照。総人口と有権者数の相関は高いが，定数配分には差が出ることを確認していただきたい。https://dataverse.harvard.edu/file.xhtml?fileId=7374361&version=1.0（2024年8月23日確認）。

6　1920年（大正9年）の第1回国勢調査より前であるが，事実上，地租を基準にしていただけに，有権者数割合と人口割合の乖離は大きい。

ら総人口規範のもとにあったことが認められる。

　有権者を定数配分の基準にするということは，有権者（のみ）が等しい立場で国政に参与するという理念を示したものであろう。これに対し総人口を基準にするということは，国内に住むすべての人間を同じ重みで考え，まだ判断力に欠けると考えられる未成年者[7]や，在外投票といった形で自国の選挙に参加することも多い外国人を身近に背負う[8]成年日本人が，その総人口を代表して意思決定をなすというように理解できよう。

　アメリカを含む多くの国同様，日本の定数配分の基準は総人口であったと考えられるわけだが，興味深いことに，一票の不平等裁判において使われる基準は総人口ではなく，当日有権者数である。

　上に記したように，有権者数と総人口では，定数配分の基準としての理念が異なる。有権者数を定数配分の基準にするという理念を持つならば，選挙人名簿が3ヶ月に1度は住民基本台帳から作成されており，5年に1度の国勢調査よりは適時な定数配分，選挙区割も可能かもしれない。しかし，選挙当日の有権者数である，当日有権者数での定数配分，区割は理論的に不可能である。

　日本が議員定数配分の基準として有権者をとってきたのならば，有権者数も一つの規範なのかもしれないが，そもそも投票当日の有権者数で，その選挙の定数配分，区割を行うことはできるはずがない。したがって，当日有権者数のような基準を使っていたのでは，司法は国会の国勢調査による定数是正不作為を衝くことができず，立法府に手前勝手が生じる余地を生むものと思われる。

　そのような中，安倍晋三（山口4区選出）内閣下の2016年（平成28年）5月27日に成立した「衆議院議員選挙区画定審議会設置法及び公職選挙法の一部

---

[7] 判断力に欠けるということで選挙権を与えないのならば，成人年齢とされる18歳までは生活が保護され，無償で教育を受ける権利が与えられてしかるべきであろう。また，飲酒が20歳まで禁じられ，被選挙権が早くとも25歳までは与えられないというのもおかしな話である。公職への立候補資格を修士課程卒として，そこまでの教育が無償で受けられるといったような制度ならまだわかるが，飲酒や，公職に立候補するために馬齢を重ねるといった必要はなかろう。

[8] 在外投票制度が世界的に広まっている現在，外国人参政権などというのはありえないであろう。それは，一部の人間のみが国内外で1人2票持つことに等しいからである。日本国外務大臣が日本のパスポートで保護扶助を要請しているように，日本における外国人も保護扶助の対象であろう。また，身近に背負うという表現を使ったが，未成年者に関しては，地域で育てるという理念に沿った書き方である。両親等の保護者に主たる責任を負わすというのならば，子どもの分の票は親が投ずるといった，ドメイン投票などが考えられてしかるべきかもしれない。

表9-1　日米の投票権，基準人口

	在日 日本人 成年	在日 日本人 未成年	在日 アメリカ人 成年	在日 アメリカ人 未成年	在米 日本人 成年	在米 日本人 未成年	在米 アメリカ人 成年	在米 アメリカ人 未成年
日本の投票権	○				○			
米国の投票権			○				○	
米国の基準人口					○	○	○	○
2016年以前の 日本の基準人口	○	○	○	○				
2016年以後の 日本の基準人口	○	○						

を改正する法律」において，0増6減という糊塗[9]に伴い，細田博之（島根1区選出）氏主導で導入されたのが「日本国民の人口」という議員定数配分の基準である。

鎌原・和田（2023）が詳細に記しているが，「日本国民の人口」とは日本国内にいる人間の数である総人口から，外国人のみを排除したものである[10]。国籍不詳者には，母親が受けた家庭内暴力（DV, Domestic Viorence）などのために出生届が出せずに無戸籍者になっているものなどもおり，さすがに排除していないようだが，日本国民というならば，在外有権者（在外日本人成年者），在外日本人未成年者などが入っていないのは変である。

日米の投票権，基準人口をまとめると表9-1のようになる。2016年以前の日米の投票権，基準人口は完全に対称的であるが，2016年に日本だけが排外的な方向に舵を切ったことが明確である。

9　本書で紹介してきたいかなる定数配分方法でも逆転配分は生じないが，このときも神奈川県と大阪府の逆転配分は放置された。そして，個人還元主義に適う除数方式の中で人口の少ない県に最も有利なアダムズ方式を採用しても，直近の国勢調査によれば定数3であったはずの，山口県の定数4は守られた。

10　ちなみに，1）外国政府の外交使節団・領事機関の構成員（随員を含む）等及びその家族，2）外国軍隊の軍人・軍属及びその家族は調査から除外されているので，そもそも日本の総人口には入っていない。https://www.stat.go.jp/data/kokusei/1995/04-03-01.html（2024年8月4日確認）。ただし，アメリカ合衆国側では，The resident population also includes military and civilian employees of the U.S. government who are deployed outside the United States とあるように，これらの人々についてはアメリカの人口として数えられ，政府記録に基づいて通常の居住住所に割り当てられるとの記載があるので，整合的な関係になっているようにも思われる。https://www.census.gov/topics/public-sector/congressional-apportionment/about/faqs.html（2024年8月4日確認）。

10. 経済学者の視点から

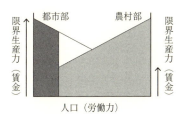

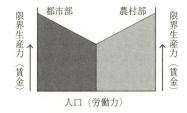

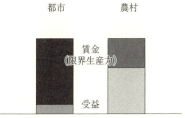

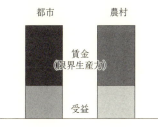

"0. はじめに"に記したように，本書を通底する平等とは，憲法第13条「すべて国民は，個人として尊重される。」に呼応する個人の尊重，"人と人との平等"である。「一票の平等」という概念は，英語では "One Person, One Vote, One Value" というフレーズで表され，「各個人の投票価値の平等」を意味し，この概念を規定するのは "人と人との平等"，個人の尊重でなければならない。

昨今，一部自民党議員[1]や神道政治連盟[2]，統一教会と表裏一体の勝共連合[3]などが「行き過ぎた個人主義」といった言葉を使って，強制的夫婦同姓制度の廃止（選択的夫婦別姓制度の導入）に反対等しているが，本論が行っているのは徹底的な個人還元である。

統一教会と表裏一体の勝共連合が，「この思想は共産主義から派生して生まれました」[4] などと書いているのは噴飯物で，共産主義をはじめとするこれら全体主義，権威主義と対峙してきた主流派経済学（近代経済学）こそが，方法論的個人主義，個人還元主義を堅持してきた[5]のである。

個人還元主義を奉じる主流派経済学においては，集計中心の集団主義と違って，個人個人の厚生（welfare）にこだわるだけに，しばしば検討対象になるのが公平性（衡平性）と効率性のトレードオフという問題である。集産主義の中では，集計的アウトプット，あるいは単なる割り算に過ぎない1人あたりのアウトプットのみが注目され，人と人との平等，さらには人間としての尊厳までもが覆い隠されてしまうが，個人還元主義においてはこのトレードオフがきちんと表に出てくる。一票の平等の追求は効率性を毀損するのだろうか。

過密過疎論として知られる1978年9月11日の東京高裁判決がある。

「社会の急激な発展に伴う人口の都市集中化は，経済的・文化的などの諸利益が都市部に存するからこそ生じたものであると同時に，その反面，過疎地域が諸利益に恵まれないという結果の反映ともいえる。したがって，過疎地域に

1　佐藤正久 Twitter@SatoMasahisa 2010年2月19日午後2：19。
2　神道政治連盟 https://www.sinseiren.org/（2024年8月24日確認）。
3　国際勝共連合 https://www.ifvoc.org/threat/c-communism/（2024年8月24日確認）。
4　国際勝共連合 https://www.ifvoc.org/threat/c-communism/（2024年8月24日確認）。
5　マクロ経済学という分野もあるが，昨今厳しくミクロ的基礎付け（micro foundation）が問われる。

おける経済的文化的等の魅力を増大させ，こうした現象をできるだけ避けるためには，ひときわ大きな政治的影響力の可能性を持つことが当該過疎地域の住民にとって必要である．すなわち，選挙における投票の価値が大きくなって初めてその政治力に大きく影響する可能性を有するものである．」

東京高裁に言われるまでもなく，一票の不平等は政治的影響力を持ち，それは一票の重い地域に対して財政的受益をもたらす[6]．日本語の我田引鉄に相当する pork barrel politics という言葉もあるわけで，政治的影響力と地域（選挙区）に対しての財政的利益誘導の関係を断ち切れという精神論で政治家を律しようというのはナンセンスである．

イエ制度，ムラ社会，それらに伴う家父長的権威主義，性差別，性支配，長幼の序などは，過疎地域と呼ばれる地域に根強く，文化的利益を求めてか，文化的損失から逃れるためか，男性以上に若い女性が都市部に動くということも言われているが，経済的利益の点でも，都市部の方が賃金が高いことは確かであろう．こういった経済的利益を求めて，男女ともに都市部に移動するのは当然である[7]．

政治的影響力は文化的にも（悪）影響を与えているようにも思われる[8]が，とりあえず文化的利益（損失）の大小は捨象して，東京高裁が言うように，経済的利益を政治的影響力（財政的利益）が補っているとしよう．人々が動かない均衡においては

　都市部の賃金（経済的利益）＋都市部の財政的利益（政治的影響力）
　＝地方の賃金（経済的利益）＋地方の財政的利益（政治的影響力）

が成立していることになる．

---

[6] 石（1982）をはじめとする一連の研究を嚆矢に，和田（1985），Horiuchi and Saito（2003），斉藤（2010）など数多くの実証分析が行われているが，その構造は現在まで頑健である（「変えたい一票の格差横浜市大・和田ゼミの提言」『東京新聞』2012 年 12 月 6 日 26 面）．
[7] 足による投票である．
[8] イエ制度につながる強制的夫婦同姓制度などは典型かもしれない．ただし，これは経団連が言う（2024 年 6 月 10 日記者会見，各紙報道）ように "ビジネス上のリスク" でもあるので経済的悪影響とも言えよう．

都市部の財政的利益（政治的影響力）＜地方の財政的利益（政治的影響力）

によって

都市部の賃金＞地方の賃金

を補って均衡しているということになるわけだが，自由主義経済における賃金は限界生産物価値である。賃金が高いということは労働の限界生産力が高いということで，これは労働力不足を意味する。逆に賃金が低いということは労働力過剰を意味する[9]。

一国全体の生産を最大化させるためには，限界生産力は均等されていなければならず，限界生産力に差を生むような状況は非効率である。一票の不平等が非効率を生んでいるわけで，効率性を増し，均衡における厚生水準の向上を達成するためにも一票の平等の確立が必要不可欠なのである[10,11]。人と人との平等が効率性も生むのである。

---

[9] さらに言うと，低い賃金しか払えない企業は市場から退出すべきであろう。低賃金しか払えないということは，限界生産物価値が小さいということを示しているわけで，技能実習生といった手段に頼るべきではない。実際，それら移民が経済合理性に従い違法労働の形で都市部に出てくる方が問題である。また，後継者がいないのは若年世代から必要とされない証左であり，人手不足は低賃金しか払えない経営側に立とうとする人間の無能さの証左であり，政治にすがることなく，経営の椅子から労働側に回ることにより解決されるべき問題であろう。

[10] 経済学者にとっては自明な話かと思われるが，和田（1995），Wada（1996）ではモデル展開を行っている。

[11] この命題は農村部が労働過剰，都市部が労働不足ということも同時に主張し，農村部を過疎，都市部を過密とする東京高裁判決に抗うことになる。ただし，日本の農業の問題点を1人あたり農地の小ささでいうならば，それは農地あたりの労働者の過剰を主張しているのに等しいわけで，過疎ではなく過密をいっていることになる。実際，アメリカ合衆国等の新大陸のみならず，ヨーロッパでも，陸路で都市を離れると，日本よりはるかに閑散とした農地が広がるわけで，住宅が途切れない日本の風景は非効率の証左なのかもしれない。また，日本の都市部の過密のイメージは，ニューヨーク，マンハッタンなどと比べるとわかりやすいが，都市部社会資本の不足である。三井清・太田清（1995）『社会資本の生産性と公的金融』日本評論社，吉野直行・中島隆信（1999）『公共投資の経済効果』日本評論社などが，日本の社会資本投資の非効率性を主張している。もちろん，それ以上に，都市部保育所，学童等の，人間に対する国政によるサポートが不足していることは言うまでもない。本来，国内を自由に動き回り，経済生産性を高める人間に対するサポートこそ国がやらなければいけない仕事である。"日本国男村"とも揶揄される地方の声が拡声されるとともに，都市部の声が届かない国政の問題は大きい。

11. 結　語

イラスト出典：https://www.irasutoya.com/p/faq.html

一票の平等，"One Person, One Vote, One Value" は，人と人との間の平等である。人を何らかの形で束ねた，イエ，サト，ムラ等の間の平等を持ち込もうとするならば，まとめられた人数が異なるだけに，人と人との間の平等を破壊する。都道府県，市町村，家庭を含め，何らかのグルーピングは，一人一人の人間が幸せになるための擬制に過ぎない。人は，足による投票という言葉が象徴するように，自らの幸せを求めて自らの判断でそれらの間を自由に動くものなのである。

　本論でとられたのは，徹底的な個人還元主義，方法論的個人主義である。導出してきた命題から，一人一人の厚生（welfare）を高めるためにどのような制度が考えられるのか，アイデアを示して本書を閉じたい。

衆議院
　ある一定期間安定的に行政を担う内閣を作るためにも，第一院である衆議院は多数代表制が望ましい。小選挙区（1人区）における候補者乱立を少しでも避けるため，復活制はもちろん，比例代表制の並立も止めて，候補者2人ならば必ず満たされる，絶対多数による多数代表制，すなわち多数代表の真の正統性を目指すべきである。

　第一院である衆議院を構成する総定数は，歴史や類似国の状況にも鑑み，300から500程度であろうか。小選挙区（1人区）を形成するにあたって，年齢別選挙区といった理念の提案もあるが，現存する多くの国で使われているのは空間的な選挙区である。その場合，現在の県境がどれだけ重要なのかは疑問だが，選挙区画定におけるあまりに高い自由度はゲリマンダリングの可能性も高めかねないので，まずは都道府県に議員定数を配分することが考えられる。第7章で示したように，均等区割パラドックスを避け，個人間の平等への一貫性を確保するためには，閾値下限（アダムズ方式），閾値相乗平均（アメリカ下院方式），閾値対数平均，閾値 identric 平均，閾値相加平均（サンラグ方式），閾値上限（ドント方式）などの，閾値 Stolarsky 平均 の除数方式が望まれる。これらは除数方式であるから，Balinski and Young (1982) が示したように人口パラドックス，アラバマパラドックス，新州パラドックスなどの各種パラドックスも引き起こさない。そして，分裂すれば分裂するほど有利になる（合併さ

せられれば合併させられるほど不利になる）アダムズ方式はもちろん，比例代表制においては望ましい，合併すれば合併するほど有利になる性質を持つドント方式などの採用も避けるべきであり，第7章においてさまざまな視点からの証明を重ねて示したように，除数閾値対数平均方式で行われるのが望ましい。さらに，画定された小選挙区において絶対多数による多数代表の正統性を確実に確保するためには，小選挙区版の単記移譲式投票でもある選択投票（alternative voting, instant run-off）が行われるべきである。

参議院

　第二院である参議院は，多様な少数意見によるチェックのために，比例代表原理のもとにあるべきであろう。住んでいる地域によって，多数代表制のもとにある小選挙区（1人区）だったり，党内競合，共倒れ，片倒れなど，さまざまな問題を引き起こしやすい単記非移譲式投票制の大選挙区だったりする，旧地方区，現在の選挙区は即刻撤廃し，比例代表原理のもとにある単一の選挙制度に統一しなければならない。第8章で紹介したように，「勝敗を決める1人区」などという表現がすべての全国紙に批判もなく登場するような状況は，人と人との平等に鑑み，許されるようなものではない。

　しかし，全国一区（at large）による総定数の多い大選挙区だと，得票に比して肥大化された voting power を持つ単一争点政党（single issue party）による攪乱の問題がある。通常，この問題を避けるために，5％，10％等の阻止条項が設けられることが多いが，妨げた投票分の議席を大政党につける根拠は不明だし，閾値付近における飛躍の問題もある。したがって，事実上10％の阻止条項に相当する9人あるいはそれ以下のブロックを15程度作るのが望ましいと考えられる。参議院は，衆議院以上に一票の平等が蔑ろにされがちだが，ブロック割・定数配分の際には，閾値対数平均の除数方式による配分のもと，升永（2020）が統治論の観点から要求する，議員の過半数を得るためには人口[1]の過半数が必要になるような点まで，追究する必要があろう。なお，各ブロック内で，拘束名簿式や非拘束名簿式などの比例代表制が使われる場合，その議

---

[1] 升永（2020）は，裁判所が使用しているためか，定数配分の基準に有権者数を採用している。

席配分方法はドント式しかありえないが，しっかりとした政党制も持たない日本においては，無所属候補にも道を開き，有権者に人を選ぶことも可能にする，大選挙区単記移譲式投票制が望ましいであろう。ブロックのサイズが巨大にならなければ順序付けは可能だし，そのための記号式投票用紙は，選挙期間を十分にとることにより準備可能である。日本の選挙期間は非常に短く，現職に有利すぎる。

広域自治体

とりあえず都道府県だが，毎日の通勤で軽々と越えられていく県域が広域自治体という名にふさわしいかは甚だ疑問かもしれない。New York City を取り囲む three-state area をはじめ，広域自治体が人々の1日の生活圏をカバーできないと，政策的な協調も難しくなる。州が先にあり，連邦がそれによって作られた国だと，再編も難しいかもしれないが，明治藩閥政府が中央集権的統治の都合で定めたにすぎない都道府県は，郡同様にそろそろ廃止，再編していってもよいのかもしれない。ただし，道州制にせよ，都道府県制にせよ，広域自治体の議会には選挙区が必要となろう。

現行の都道府県議会選挙制度は，公職選挙法第15条に定められた強制合区制度のおかげで，一票の不平等が酷くならないだけ参議院選挙区選挙よりマシだが，参議院選挙区選挙同様，多数代表の原理に基づく小選挙区と，比例代表の原理に基づくとも思われる大選挙区単記非移譲式投票制が，住む場所により異なって適用されるという問題がある。参議院選挙区と違って一票は平等に近くとも，5人から9人程度[2]の単記移譲式投票の大選挙区に分割される必要があろう。また，1人区である首長は，その力が大きいだけに，小選挙区版の単記移譲式投票でもある選択投票（alternative voting, instant run-off）による選挙を行い，絶対多数による正統性が確保されるべきである。なお，選挙公営は日本の選挙制度の望ましい点であるとは思うが，2024年の都知事選ではそれを悪用した事案が発生した。10%も取れない候補者が乱立する必要はなく，十分な供託金を取り，これらの悪用事案の発生を防ぐ必要があろう。供託金は現行

---

[2] 町村議会の最小総定数の5人と，10%の阻止条項と同等になる9人を挙げた。

制度でも 10% の得票を得れば戻ってくるわけだし，供託金の準備にはクラウドファンディングの使用も考えられる。（しばしば問題が起こる署名制度よりはるかに望ましいであろう。支持者の方も，供託金が揃わなかった場合，あるいは候補者が 10% 以上の票を獲得した場合には，出したお金が戻ってくるのである。）

基礎自治体

　無投票，定数割れも数多く発生している町村議会選挙だが，当該自治体の有権者が必要な議員を支えられる（食わせられる）程度への自治体そのものの集約が必要であろう。議員 6 人に年収 500 万円を保証するならば，人口 3,000 人の村だと，赤ん坊からお年寄りまで 1 人あたり年間 1 万円を負担する必要がある。人口 6 万人の市でも 1 人あたり 500 円の負担である。逆に，議員はボランティアに近いような状況でよいとしても，役場からの仕事が受けられなくなるといった理由で候補者がなくなる自治体というのは，皆が税金（それも当該自治体の住民税や固定資産税ではない可能性が高い）にぶら下がっている状況であり，"自治"体としての体を成していないといってもよいかもしれない。もちろん要件を外してしまって，そういった利権のためにボランティア議員になるという形は，財政に著しい歪みを与えることになる。

　市の場合，政令市にはすでに行政区単位の選挙区が導入されているが，特別区や中核市等の，総定数が大きい自治体の全域一区（at large）の選挙区では，単記非移譲式投票制を使っているがゆえに，トップ当選と最下位当選の間の得票の較差（当該候補者に入れた有権者の一票の較差）はもちろん，第 8 章において参議院全国区で見たような問題のある例が多発している。都道府県同様，定数 5 から 9 程度の選挙区を設け，単記移譲式投票制を導入すべきであろう。実際，東京 23 区や中核市には，都道府県人口を超えるところも多いのであるから。

定数配分の基準

　各国の在外投票も進む現在，外国人参政権というのはありえない。それは一部の人間のみに国内外の 2 票を与えることになるからである。しかし，さまざ

まな定数配分，区割，ブロック割を行うとき，外国人の人数を排除すべきなのであろうか。日本では歴史的に，有権者数ではなく，人口を定数配分の基準にしてきており，安倍晋三内閣のもと，細田博之氏主導で外国人を定数配分の基準から排除してからも，国内にいる外国籍ではない子どもの数は定数配分の基準に入っている。逆に在外有権者を含む在外邦人は入っていない。日本の外務大臣が保護扶助を依頼した日本のパスポートを持ってアメリカに滞在している日本人は，アメリカの定数配分においてきちんと数えられているのに，日本国内にいる一人一人の生きた人間を慮らない集団主義に基づく拝外思想が蔓延るのは，国際貿易によりその生存を維持しなければいけないこの国において，非常に危険なことであるとしか言えない。

各国勢調査直後の定数配分とシミュレーション

5年ごとの国勢調査人口に基づいて行ったシミュレーションである。
　国勢調査直後の選挙で実際に使われた定数（「実」）と，国勢調査人口に基づく完全比例配分である真の取り分（「真」）を見比べると，日本の一票の不平等がいかに酷いかがよくわかる。人口順に並べたのにもかかわらず，実際に使われた定数（「実」）が大きく逆転していたところも数多く発見できる。
　人ではなく県を1行に表現したこの表では，各種パラドックスを引き起こす最大剰余方式（「剰」）が，真の取り分（「真」）に"近い"ことが視認できよう。
　本論で中心的に取り扱ったアダムズ方式（「ア」）からドント方式（「ド」）にいたる除数方式のうち，Huntington（1928）が推奨し，実際に採用されているアメリカ下院方式（「下」）から，Balinski and Young（1982, 邦訳1987）が推奨し，ヨーロッパやニュージーランドの比例代表制で活用されているサンラグ方式（「サ」）までは，どのシミュレーションでもほぼ同じ値を与えている。沖縄返還前の1950年から1965年までの46県184ケースと，返還後の1970年から2020年までの47県517ケースの，計701ケース中，両端の値になるアメリカ下院方式（「下」）とサンラグ方式（「サ」）が違う値を与えるのは20ケースのみである。
　時に引き起こすこの小さな違いに対して多くの議論が引き起こされてきたわけだが，本論では，徹底した個人還元主義に基づき，両者間に采配を下すことができる除数閾値対数平均方式（「対」）を推奨した。ちなみに今回のシミュレーションにおいて除数閾値対数平均方式（「対」）は20ケース中14ケースにおいてアメリカ下院方式と同じ値，6ケースにおいてサンラグ方式と同じ値を出している。もちろん，それ以外の681ケースにおいては両形式と同じ値である。

　　　人口　　国勢調査人口
　　　実　　　国勢調査直後の衆院選での実際の定数配分
　　　真　　　真の取り分
　　　剰　　　最大剰余方式による定数配分
　　　ア　　　アダムズ（除数閾値下限）方式による定数配分
　　　D　　　Dean（除数閾値調和平均）方式による定数配分
　　　下　　　アメリカ下院（除数閾値相乗平均, Hill）方式による定数配分
　　　対　　　除数閾値対数平均方式による定数配分
　　　i　　　除数閾値 identric 平均方式による定数配分
　　　サ　　　サンラグ（除数閾値相加平均, Webster）方式による定数配分
　　　ド　　　ドント（除数閾値上限, Jefferson）方式による定数配分

	1950 人口	実	真	剰	ア	D	下	対	i	サ	ド
東京	6,277,500	27	35.16	35	34	35	35	35	35	35	36
北海道	4,295,567	22	24.06	24	23	24	24	24	24	24	25
大阪	3,857,047	19	21.60	22	21	22	22	22	22	22	22
福岡	3,530,169	19	19.77	20	19	20	20	20	20	20	20
愛知	3,390,585	19	18.99	19	19	19	19	19	19	19	19
兵庫	3,309,935	18	18.54	19	18	18	18	18	18	18	19
神奈川	2,487,665	13	13.93	14	14	14	14	14	14	14	14
静岡	2,471,472	14	13.84	14	14	14	14	14	14	14	14
新潟	2,460,997	15	13.78	14	14	14	14	14	14	14	14
埼玉	2,146,445	13	12.02	12	12	12	12	12	12	12	12
千葉	2,139,037	13	11.98	12	12	12	12	12	12	12	12
広島	2,081,967	12	11.66	12	12	12	12	12	12	12	12
福島	2,062,394	12	11.55	12	11	12	12	12	12	12	12
長野	2,060,831	13	11.54	12	11	12	12	12	12	12	12
茨城	2,039,418	12	11.42	11	11	11	11	11	11	11	12
京都	1,832,934	10	10.27	10	10	10	10	10	10	10	10
熊本	1,827,582	10	10.24	10	10	10	10	10	10	10	10
鹿児島	1,804,118	10	10.10	10	10	10	10	10	10	10	10
宮城	1,663,442	9	9.32	9	9	9	9	9	9	9	9
岡山	1,661,099	10	9.30	9	9	9	9	9	9	9	9
長崎	1,645,492	9	9.22	9	9	9	9	9	9	9	9
群馬	1,601,380	10	8.97	9	9	9	9	9	9	9	9
栃木	1,550,462	10	8.68	9	9	9	9	9	9	9	9
岐阜	1,544,538	9	8.65	9	9	9	9	9	9	9	9
山口	1,540,882	9	8.63	9	9	9	9	9	9	9	9
愛媛	1,521,878	9	8.52	8	9	9	9	9	9	9	8
三重	1,461,197	9	8.18	8	8	8	8	8	8	8	8
山形	1,357,347	8	7.60	8	8	8	8	8	8	8	8
岩手	1,346,728	8	7.54	8	8	8	8	8	8	8	7
秋田	1,309,031	8	7.33	7	7	7	7	7	7	7	7
青森	1,282,867	7	7.19	7	7	7	7	7	7	7	7
大分	1,252,999	7	7.02	7	7	7	7	7	7	7	7
宮崎	1,091,427	6	6.11	6	6	6	6	6	6	6	6
富山	1,008,790	6	5.65	6	6	6	6	6	6	6	5
和歌山	982,113	6	5.50	5	6	6	5	5	5	5	5
石川	957,279	6	5.36	5	6	5	5	5	5	5	5
香川	946,022	6	5.30	5	6	5	5	5	5	5	5
佐賀	945,082	5	5.29	5	6	5	5	5	5	5	5
島根	912,551	5	5.11	5	5	5	5	5	5	5	5
徳島	878,511	5	4.92	5	5	5	5	5	5	5	5
高知	873,874	5	4.89	5	5	5	5	5	5	5	5
滋賀	861,180	5	4.82	5	5	5	5	5	5	5	5
山梨	811,369	5	4.54	5	5	5	5	5	5	5	4
奈良	763,883	5	4.28	4	5	4	4	4	4	4	4
福井	752,374	4	4.21	4	4	4	4	4	4	4	4
鳥取	600,177	4	3.36	3	4	3	3	3	3	3	3
合計	83,199,637	466	466.00	466	466	466	466	466	466	466	466

	1955 人口	実	真	剰	ア	D	下	対	i	サ	ド
東京	8,037,084	27	42.04	42	40	42	42	42	42	42	43
北海道	4,773,087	22	24.97	25	24	25	25	25	25	25	26
大阪	4,618,308	19	24.16	24	23	24	24	24	24	24	25
福岡	3,859,764	19	20.19	20	20	20	20	20	20	20	21
愛知	3,769,209	19	19.72	20	19	20	20	20	20	20	20
兵庫	3,620,947	18	18.94	19	18	19	19	19	19	19	19
神奈川	2,919,497	13	15.27	15	15	15	15	15	15	15	15
静岡	2,650,435	14	13.86	14	14	14	14	14	14	14	14
新潟	2,473,492	15	12.94	13	13	13	13	13	13	13	13
埼玉	2,262,623	13	11.84	12	12	12	12	12	12	12	12
千葉	2,205,060	13	11.53	12	11	12	12	12	12	12	12
広島	2,149,044	12	11.24	11	11	11	11	11	11	11	11
福島	2,095,237	12	10.96	11	11	11	11	11	11	11	11
茨城	2,064,037	12	10.80	11	11	11	11	11	11	11	11
鹿児島	2,044,112	11	10.69	11	11	11	11	11	11	11	11
長野	2,021,292	13	10.57	11	11	11	11	11	11	11	11
京都	1,935,161	10	10.12	10	10	10	10	10	10	10	10
熊本	1,895,663	10	9.92	10	10	10	10	10	10	10	10
長崎	1,747,596	9	9.14	9	9	9	9	9	9	9	9
宮城	1,727,065	9	9.03	9	9	9	9	9	9	9	9
岡山	1,689,800	10	8.84	9	9	9	9	9	9	9	9
群馬	1,613,549	10	8.44	8	9	8	8	8	8	8	8
山口	1,609,839	9	8.42	8	9	8	8	8	8	8	8
岐阜	1,583,605	9	8.28	8	8	8	8	8	8	8	8
栃木	1,547,580	10	8.10	8	8	8	8	8	8	8	8
愛媛	1,540,628	9	8.06	8	8	8	8	8	8	8	8
三重	1,485,582	9	7.77	8	8	8	8	8	8	8	8
岩手	1,427,097	8	7.47	7	8	7	7	8	8	8	7
青森	1,382,523	7	7.23	7	7	7	7	7	7	7	7
山形	1,353,649	8	7.08	7	7	7	7	7	7	7	7
秋田	1,348,871	8	7.06	7	7	7	7	7	7	7	7
大分	1,277,199	7	6.68	7	7	7	7	7	7	7	6
宮崎	1,139,384	6	5.96	6	6	6	6	6	6	6	6
富山	1,021,121	6	5.34	5	5	5	5	5	5	5	5
和歌山	1,006,819	6	5.27	5	6	5	5	5	5	5	5
佐賀	973,749	5	5.09	5	5	5	5	5	5	5	5
石川	966,187	6	5.05	5	5	5	5	5	5	5	5
香川	943,823	6	4.94	5	5	5	5	5	5	5	5
島根	929,066	5	4.86	5	5	5	5	5	5	5	5
高知	882,683	5	4.62	5	5	5	5	5	5	5	4
徳島	878,109	5	4.59	5	5	5	5	5	5	5	4
滋賀	853,734	5	4.47	5	5	5	5	4	4	4	4
山梨	807,044	5	4.22	4	5	4	4	4	4	4	4
奈良	776,861	5	4.06	4	4	4	4	4	4	4	4
福井	754,055	4	3.94	4	4	4	4	4	4	4	4
鳥取	614,259	4	3.21	3	4	3	3	3	3	3	3
合計	89,275,529	467	467.00	467	467	467	467	467	467	467	467

各国勢調査直後の定数配分とシミュレーション 153

	1960 人口	実	真	剰	ア	D	下	対	i	サ	ド
東京	9,683,802	27	48.41	48	47	48	48	48	48	48	50
大阪	5,504,746	19	27.52	28	27	27	27	27	27	28	28
北海道	5,039,206	22	25.19	25	24	25	25	25	25	25	26
愛知	4,206,313	19	21.03	21	20	21	21	21	21	21	22
福岡	4,006,679	19	20.03	20	20	20	20	20	20	20	21
兵庫	3,906,487	18	19.53	20	19	20	20	20	20	20	20
神奈川	3,443,176	13	17.21	17	17	17	17	17	17	17	18
静岡	2,756,271	14	13.78	14	14	14	14	14	14	14	14
新潟	2,442,037	15	12.21	12	12	12	12	12	12	12	12
埼玉	2,430,871	13	12.15	12	12	12	12	12	12	12	12
千葉	2,306,010	13	11.53	12	12	12	12	12	12	12	12
広島	2,184,043	12	10.92	11	11	11	11	11	11	11	11
福島	2,051,137	12	10.25	10	10	10	10	10	10	10	10
茨城	2,047,024	12	10.23	10	10	10	10	10	10	10	10
京都	1,993,403	10	9.97	10	10	10	10	10	10	10	10
長野	1,981,433	13	9.91	10	10	10	10	10	10	10	10
鹿児島	1,963,104	11	9.81	10	10	10	10	10	10	10	10
熊本	1,856,192	10	9.28	9	9	9	9	9	9	9	9
長崎	1,760,421	9	8.80	9	9	9	9	9	9	9	9
宮城	1,743,195	9	8.71	9	9	9	9	9	9	9	9
岡山	1,670,454	10	8.35	8	8	8	8	8	8	8	8
岐阜	1,638,399	9	8.19	8	8	8	8	8	8	8	8
山口	1,602,207	9	8.01	8	8	8	8	8	8	8	8
群馬	1,578,476	10	7.89	8	8	8	8	8	8	8	8
栃木	1,513,624	10	7.57	8	8	8	8	8	8	8	7
愛媛	1,500,687	9	7.50	7	8	8	8	8	8	7	7
三重	1,485,054	9	7.42	7	8	7	7	7	7	7	7
岩手	1,448,517	8	7.24	7	7	7	7	7	7	7	7
青森	1,426,606	7	7.13	7	7	7	7	7	7	7	7
秋田	1,335,580	8	6.68	7	7	7	7	7	7	7	7
山形	1,320,664	8	6.60	7	7	7	7	7	7	7	6
大分	1,239,655	7	6.20	6	6	6	6	6	6	6	6
宮崎	1,134,590	6	5.67	6	6	6	6	6	6	6	5
富山	1,032,614	6	5.16	5	5	5	5	5	5	5	5
和歌山	1,002,191	6	5.01	5	5	5	5	5	5	5	5
石川	973,418	6	4.87	5	5	5	5	5	5	5	5
佐賀	942,874	5	4.71	5	5	5	5	5	5	5	4
香川	918,867	6	4.59	5	5	5	5	5	5	5	4
島根	888,886	5	4.44	4	5	4	4	4	4	4	4
高知	854,595	5	4.27	4	5	4	4	4	4	4	4
徳島	847,274	5	4.24	4	5	4	4	4	4	4	4
滋賀	842,695	5	4.21	4	5	4	4	4	4	4	4
山梨	782,062	5	3.91	4	4	4	4	4	4	4	4
奈良	781,058	5	3.90	4	4	4	4	4	4	4	4
福井	752,696	4	3.76	4	4	4	4	4	4	4	3
鳥取	599,135	4	3.00	3	3	3	3	3	3	3	3
合計	93,418,428	467	467.00	467	467	467	467	467	467	467	467

	1965人口	実	真	剰	ア	D	下	対	i	サ	ド
東京	10,869,244	39	53.75	54	52	54	54	54	54	54	56
大阪	6,657,189	23	32.92	33	32	33	33	33	33	33	34
北海道	5,171,800	22	25.58	26	25	26	26	26	26	26	26
愛知	4,798,653	20	23.73	24	23	24	24	24	24	24	24
神奈川	4,430,743	14	21.91	22	22	22	22	22	22	22	22
兵庫	4,309,944	19	21.31	21	21	21	21	21	21	21	22
福岡	3,964,611	19	19.61	20	19	20	20	20	20	20	20
埼玉	3,014,983	13	14.91	15	15	15	15	15	15	15	15
静岡	2,912,521	14	14.40	14	14	14	14	14	14	14	15
千葉	2,701,770	13	13.36	13	13	13	13	13	13	13	13
新潟	2,398,931	15	11.86	12	12	12	12	12	12	12	12
広島	2,281,146	12	11.28	11	11	11	11	11	11	11	11
京都	2,102,808	10	10.40	10	10	10	10	10	10	10	10
茨城	2,056,154	12	10.17	10	10	10	10	10	10	10	10
福島	1,983,754	12	9.81	10	10	10	10	10	10	10	10
長野	1,958,007	13	9.68	10	10	10	10	10	10	10	10
鹿児島	1,853,541	11	9.17	9	9	9	9	9	9	9	9
熊本	1,770,736	10	8.76	9	9	9	9	9	9	9	9
宮城	1,753,126	9	8.67	9	9	9	9	9	9	9	9
岐阜	1,700,365	9	8.41	8	9	8	8	8	8	8	8
岡山	1,645,135	10	8.14	8	8	8	8	8	8	8	8
長崎	1,641,245	9	8.12	8	8	8	8	8	8	8	8
群馬	1,605,584	10	7.94	8	8	8	8	8	8	8	8
山口	1,543,573	9	7.63	8	8	8	8	8	8	8	7
栃木	1,521,656	10	7.53	8	8	8	8	8	8	8	7
三重	1,514,467	9	7.49	8	8	8	8	8	8	8	7
愛媛	1,446,384	9	7.15	7	7	7	7	7	7	7	7
青森	1,416,591	7	7.01	7	7	7	7	7	7	7	7
岩手	1,411,118	8	6.98	7	7	7	7	7	7	7	7
秋田	1,279,835	8	6.33	6	7	6	6	6	6	6	6
山形	1,263,103	8	6.25	6	6	6	6	6	6	6	6
大分	1,187,480	7	5.87	6	6	6	6	6	6	6	6
宮崎	1,080,692	6	5.34	5	6	5	5	5	5	5	5
和歌山	1,026,975	6	5.08	5	5	5	5	5	5	5	5
富山	1,025,465	6	5.07	5	5	5	5	5	5	5	5
石川	980,499	6	4.85	5	5	5	5	5	5	5	5
香川	900,845	6	4.45	4	5	4	4	4	4	4	4
佐賀	871,885	5	4.31	4	5	4	4	4	4	4	4
滋賀	853,385	5	4.22	4	5	4	4	4	4	4	4
奈良	825,965	5	4.08	4	4	4	4	4	4	4	4
島根	821,620	5	4.06	4	4	4	4	4	4	4	4
徳島	815,115	5	4.03	4	4	4	4	4	4	4	4
高知	812,714	5	4.02	4	4	4	4	4	4	4	4
山梨	763,194	5	3.77	4	4	4	4	4	4	4	3
福井	750,557	4	3.71	4	4	4	4	4	4	4	3
鳥取	579,853	4	2.87	3	3	3	3	3	3	3	3
合計	98,274,961	486	486.00	486	486	486	486	486	486	486	486

	1970 人口	実	真	剰	ア	D	下	対	i	サ	ド
東京	11,408,071	39	53.52	54	51	53	53	53	53	54	56
大阪	7,620,480	23	35.75	36	34	36	36	36	36	36	37
神奈川	5,472,247	14	25.67	26	25	26	26	26	26	26	26
愛知	5,386,163	20	25.27	25	25	25	25	25	25	25	26
北海道	5,184,287	22	24.32	24	24	24	24	24	24	24	25
兵庫	4,667,928	19	21.90	22	21	22	22	22	22	22	22
福岡	4,027,416	19	18.89	19	18	19	19	19	19	19	19
埼玉	3,866,472	13	18.14	18	18	18	18	18	18	18	19
千葉	3,366,624	13	15.79	16	16	16	16	16	16	16	16
静岡	3,089,895	14	14.50	14	14	14	14	14	14	14	15
広島	2,436,135	12	11.43	11	11	11	11	11	11	11	12
新潟	2,360,982	15	11.08	11	11	11	11	11	11	11	11
京都	2,250,087	10	10.56	11	11	11	11	11	11	11	11
茨城	2,143,551	12	10.06	10	10	10	10	10	10	10	10
長野	1,956,917	13	9.18	9	9	9	9	9	9	9	9
福島	1,946,077	12	9.13	9	9	9	9	9	9	9	9
宮城	1,819,223	9	8.53	9	9	9	9	9	9	9	8
岐阜	1,758,954	9	8.25	8	8	8	8	8	8	8	8
鹿児島	1,729,150	11	8.11	8	8	8	8	8	8	8	8
岡山	1,707,026	10	8.01	8	8	8	8	8	8	8	8
熊本	1,700,229	10	7.98	8	8	8	8	8	8	8	8
群馬	1,658,909	10	7.78	8	8	8	8	8	8	8	8
栃木	1,580,021	10	7.41	7	8	7	7	7	7	7	7
長崎	1,570,245	9	7.37	7	8	7	7	7	7	7	7
三重	1,543,083	9	7.24	7	7	7	7	7	7	7	7
山口	1,511,448	9	7.09	7	7	7	7	7	7	7	7
青森	1,427,520	7	6.70	7	7	7	7	7	7	7	7
愛媛	1,418,124	9	6.65	7	7	7	7	7	7	7	6
岩手	1,371,383	8	6.43	6	7	6	6	6	6	6	6
秋田	1,241,376	8	5.82	6	6	6	6	6	6	6	6
山形	1,225,618	8	5.75	6	6	6	6	6	6	6	6
大分	1,155,566	7	5.42	5	6	5	5	5	5	5	5
宮崎	1,051,105	6	4.93	5	5	5	5	5	5	5	5
和歌山	1,042,736	6	4.89	5	5	5	5	5	5	5	5
富山	1,029,695	6	4.83	5	5	5	5	5	5	5	5
石川	1,002,420	6	4.70	5	5	5	5	5	5	5	4
沖縄	945,111	5	4.43	4	5	4	4	4	4	4	4
奈良	930,160	5	4.36	4	5	4	4	4	4	4	4
香川	907,897	6	4.26	4	5	4	4	4	4	4	4
滋賀	889,768	5	4.17	4	4	4	4	4	4	4	4
佐賀	838,468	5	3.93	4	4	4	4	4	4	4	4
徳島	791,111	5	3.71	4	4	4	4	4	4	4	3
高知	786,882	5	3.69	4	4	4	4	4	4	4	3
島根	773,575	5	3.63	4	4	4	4	4	4	4	3
山梨	762,029	5	3.57	4	4	4	4	4	4	4	3
福井	744,230	4	3.49	3	4	4	4	4	4	3	3
鳥取	568,777	4	2.67	3	3	3	3	3	3	3	2
合計	104,665,171	491	491.00	491	491	491	491	491	491	491	491

各国勢調査直後の定数配分とシミュレーション

	1975人口	実	真	剰	ア	D	下	対	i	サ	ド
東京	11,673,554	43	53.29	53	51	53	53	53	53	53	55
大阪	8,278,925	26	37.79	38	37	37	37	37	38	38	39
神奈川	6,397,748	19	29.21	29	28	29	29	29	29	29	30
愛知	5,923,569	22	27.04	27	26	27	27	27	27	27	28
北海道	5,338,206	22	24.37	24	24	24	24	24	24	24	25
兵庫	4,992,140	20	22.79	23	22	23	23	23	23	23	23
埼玉	4,821,340	15	22.01	22	21	22	22	22	22	22	23
福岡	4,292,963	19	19.60	20	19	19	19	19	19	19	20
千葉	4,149,147	16	18.94	19	19	19	19	19	19	19	19
静岡	3,308,799	14	15.10	15	15	15	15	15	15	15	15
広島	2,646,324	12	12.08	12	12	12	12	12	12	12	12
京都	2,424,856	10	11.07	11	11	11	11	11	11	11	11
新潟	2,391,938	15	10.92	11	11	11	11	11	11	11	11
茨城	2,342,198	12	10.69	11	11	11	11	11	11	11	11
長野	2,017,564	13	9.21	9	9	9	9	9	9	9	9
福島	1,970,616	12	9.00	9	9	9	9	9	9	9	9
宮城	1,955,267	9	8.93	9	9	9	9	9	9	9	9
岐阜	1,867,978	9	8.53	8	9	8	8	8	8	8	8
岡山	1,814,305	10	8.28	8	8	8	8	8	8	8	8
群馬	1,756,480	10	8.02	8	8	8	8	8	8	8	8
鹿児島	1,723,902	11	7.87	8	8	8	8	8	8	8	8
熊本	1,715,273	10	7.83	8	8	8	8	8	8	8	8
栃木	1,698,003	10	7.75	8	8	8	8	8	8	8	8
三重	1,626,002	9	7.42	7	8	7	7	7	7	7	7
長崎	1,571,912	9	7.18	7	7	7	7	7	7	7	7
山口	1,555,218	9	7.10	7	7	7	7	7	7	7	7
青森	1,468,646	7	6.70	7	7	7	7	7	7	7	7
愛媛	1,465,215	9	6.69	7	7	7	7	7	7	7	7
岩手	1,385,563	8	6.33	6	7	6	6	6	6	6	6
秋田	1,232,481	8	5.63	6	6	6	6	6	6	6	5
山形	1,220,302	8	5.57	6	6	6	6	6	6	6	5
大分	1,190,314	7	5.43	5	6	5	5	5	5	5	5
宮崎	1,085,055	6	4.95	5	5	5	5	5	5	5	5
奈良	1,077,491	5	4.92	5	5	5	5	5	5	5	5
和歌山	1,072,118	6	4.89	5	5	5	5	5	5	5	5
富山	1,070,791	6	4.89	5	5	5	5	5	5	5	5
石川	1,069,872	6	4.88	5	5	5	5	5	5	5	5
沖縄	1,042,572	5	4.76	5	5	5	5	5	5	5	4
滋賀	985,621	5	4.50	4	5	4	4	4	4	4	4
香川	961,292	6	4.39	4	5	4	4	4	4	4	4
佐賀	837,674	5	3.82	4	4	4	4	4	4	4	4
高知	808,397	5	3.69	4	4	4	4	4	4	4	3
徳島	805,166	5	3.68	4	4	4	4	4	4	4	3
山梨	783,050	5	3.57	4	4	4	4	4	4	4	3
福井	773,599	4	3.53	3	4	4	4	4	4	4	3
島根	768,886	5	3.51	3	4	4	4	4	3	3	3
鳥取	581,311	4	2.65	3	3	3	3	3	3	3	2
合計	111,939,643	511	511.00	511	511	511	511	511	511	511	511

	1980 人口	実	真	剰	ア	D	下	対	i	サ	ド
東京	11,618,281	43	50.72	51	49	50	50	50	50	51	53
大阪	8,473,446	26	36.99	37	36	37	37	37	37	37	38
神奈川	6,924,348	19	30.23	30	29	30	30	30	30	30	31
愛知	6,221,638	22	27.16	27	26	27	27	27	27	27	28
北海道	5,575,989	22	24.34	24	24	24	24	24	24	24	25
埼玉	5,420,480	15	23.66	24	23	23	24	24	24	24	24
兵庫	5,144,892	20	22.46	22	22	22	22	22	22	22	23
千葉	4,735,424	16	20.67	21	20	21	21	21	21	21	21
福岡	4,553,461	19	19.88	20	19	20	20	20	20	20	20
静岡	3,446,804	14	15.05	15	15	15	15	15	15	15	15
広島	2,739,161	12	11.96	12	12	12	12	12	12	12	12
茨城	2,558,007	12	11.17	11	11	11	11	11	11	11	11
京都	2,527,330	10	11.03	11	11	11	11	11	11	11	11
新潟	2,451,357	15	10.70	11	11	11	11	11	11	11	11
長野	2,083,934	13	9.10	9	9	9	9	9	9	9	9
宮城	2,082,320	9	9.09	9	9	9	9	9	9	9	9
福島	2,035,272	12	8.88	9	9	9	9	9	9	9	9
岐阜	1,960,107	9	8.56	9	9	9	9	9	9	9	9
岡山	1,871,023	10	8.17	8	8	8	8	8	8	8	8
群馬	1,848,562	10	8.07	8	8	8	8	8	8	8	8
栃木	1,792,201	10	7.82	8	8	8	8	8	8	8	8
熊本	1,790,327	10	7.82	8	8	8	8	8	8	8	8
鹿児島	1,784,623	11	7.79	8	8	8	8	8	8	8	8
三重	1,686,936	9	7.36	7	7	7	7	7	7	7	7
長崎	1,590,564	9	6.94	7	7	7	7	7	7	7	7
山口	1,587,079	9	6.93	7	7	7	7	7	7	7	7
青森	1,523,907	7	6.65	7	7	7	7	7	7	7	7
愛媛	1,506,637	9	6.58	7	7	7	7	7	7	7	6
岩手	1,421,927	8	6.21	6	6	6	6	6	6	6	6
秋田	1,256,745	8	5.49	5	6	5	5	5	5	5	5
山形	1,251,917	8	5.46	5	6	5	5	5	5	5	5
大分	1,228,913	7	5.36	5	6	5	5	5	5	5	5
奈良	1,209,365	5	5.28	5	6	5	5	5	5	5	5
宮崎	1,151,587	6	5.03	5	5	5	5	5	5	5	5
石川	1,119,304	6	4.89	5	5	5	5	5	5	5	5
沖縄	1,106,559	5	4.83	5	5	5	5	5	5	5	5
富山	1,103,459	6	4.82	5	5	5	5	5	5	5	5
和歌山	1,087,012	6	4.75	5	5	5	5	5	5	5	4
滋賀	1,079,898	5	4.71	5	5	5	5	5	5	5	4
香川	999,864	6	4.36	4	5	4	4	4	4	4	4
佐賀	865,574	5	3.78	4	4	4	4	4	4	4	3
高知	831,275	5	3.63	4	4	4	4	4	4	4	3
徳島	825,261	5	3.60	4	4	4	4	4	4	4	3
山梨	804,256	5	3.51	3	4	4	4	4	4	3	3
福井	794,354	4	3.47	3	4	4	3	3	3	3	3
島根	784,795	5	3.43	3	4	3	3	3	3	3	3
鳥取	604,221	4	2.64	3	3	3	3	3	3	3	2
合計	117,060,396	511	511.00	511	511	511	511	511	511	511	511

	1985 人口	実	真	剰	ア	D	下	対	i	サ	ド
東京	11,829,363	44	50.03	50	48	50	50	50	50	50	52
大阪	8,668,095	27	36.66	37	35	36	37	37	37	37	38
神奈川	7,431,974	20	31.43	31	30	31	31	31	31	31	32
愛知	6,455,172	22	27.30	27	26	27	27	27	27	27	28
埼玉	5,863,678	17	24.80	25	24	25	25	25	25	25	26
北海道	5,679,439	23	24.02	24	23	24	24	24	24	24	25
兵庫	5,278,050	19	22.32	22	22	22	22	22	22	22	23
千葉	5,148,163	18	21.78	22	21	22	22	22	22	22	22
福岡	4,719,259	19	19.96	20	20	20	20	20	20	20	20
静岡	3,574,692	14	15.12	15	15	15	15	15	15	15	15
広島	2,819,200	12	11.92	12	12	12	12	12	12	12	12
茨城	2,725,005	12	11.53	12	11	11	11	11	11	11	12
京都	2,586,574	10	10.94	11	11	11	11	11	11	11	11
新潟	2,478,470	13	10.48	10	10	10	10	10	10	10	10
宮城	2,176,295	9	9.21	9	9	9	9	9	9	9	9
長野	2,136,927	13	9.04	9	9	9	9	9	9	9	9
福島	2,080,304	12	8.80	9	9	9	9	9	9	9	9
岐阜	2,028,536	9	8.58	9	9	9	9	9	9	9	8
群馬	1,921,259	10	8.13	8	8	8	8	8	8	8	8
岡山	1,916,906	10	8.11	8	8	8	8	8	8	8	8
栃木	1,866,066	10	7.89	8	8	8	8	8	8	8	8
熊本	1,837,747	10	7.77	8	8	8	8	8	8	8	8
鹿児島	1,819,270	10	7.69	8	8	8	8	8	8	8	8
三重	1,747,311	9	7.39	7	8	7	7	7	7	7	7
山口	1,601,627	9	6.77	7	7	7	7	7	7	7	7
長崎	1,593,968	9	6.74	7	7	7	7	7	7	7	7
愛媛	1,529,983	9	6.47	6	7	6	6	6	6	6	6
青森	1,524,448	7	6.45	6	7	6	6	6	6	6	6
岩手	1,433,611	8	6.06	6	6	6	6	6	6	6	6
奈良	1,304,866	5	5.52	5	6	6	6	6	6	6	5
山形	1,261,662	7	5.34	5	6	5	5	5	5	5	5
秋田	1,254,032	7	5.30	5	6	5	5	5	5	5	5
大分	1,250,214	7	5.29	5	6	5	5	5	5	5	5
沖縄	1,179,097	5	4.99	5	5	5	5	5	5	5	5
宮崎	1,175,543	6	4.97	5	5	5	5	5	5	5	5
滋賀	1,155,844	5	4.89	5	5	5	5	5	5	5	5
石川	1,152,325	5	4.87	5	5	5	5	5	5	5	5
富山	1,118,369	6	4.73	5	5	5	5	5	5	5	4
和歌山	1,087,206	6	4.60	5	5	5	5	5	5	5	4
香川	1,022,569	6	4.33	4	5	4	4	4	4	4	4
佐賀	880,013	5	3.72	4	4	4	4	4	4	4	3
高知	839,784	5	3.55	4	4	4	4	4	4	4	3
徳島	834,889	5	3.53	4	4	4	4	4	4	4	3
山梨	832,832	5	3.52	4	4	4	4	4	4	4	3
福井	817,633	4	3.46	3	4	4	3	3	3	3	3
島根	794,629	5	3.36	3	4	3	3	3	3	3	3
鳥取	616,024	4	2.61	3	3	3	3	3	3	3	2
合計	121,048,923	512	512.00	512	512	512	512	512	512	512	512

	1990 人口	実	真	剰	ア	D	下	対	i	サ	ド
東京	11,855,563	43	49.01	49	47	49	49	49	49	49	51
大阪	8,734,516	28	36.11	36	35	36	36	36	36	36	37
神奈川	7,980,391	22	32.99	33	32	33	33	33	33	33	34
愛知	6,690,603	22	27.66	28	27	28	28	28	28	28	29
埼玉	6,405,319	20	26.48	27	26	26	27	27	27	27	27
北海道	5,643,647	23	23.33	23	23	23	23	23	23	23	24
千葉	5,555,429	19	22.97	23	22	23	23	23	23	23	24
兵庫	5,405,040	19	22.34	22	22	22	22	22	22	22	23
福岡	4,811,050	20	19.89	20	19	20	20	20	20	20	20
静岡	3,670,840	14	15.17	15	15	15	15	15	15	15	15
広島	2,849,847	13	11.78	12	12	12	12	12	12	12	12
茨城	2,845,382	12	11.76	12	12	12	12	12	12	12	12
京都	2,602,460	10	10.76	11	11	11	11	11	11	11	11
新潟	2,474,583	13	10.23	10	10	10	10	10	10	10	10
宮城	2,248,558	8	9.30	9	9	9	9	9	9	9	9
長野	2,156,627	12	8.92	9	9	9	9	9	9	9	9
福島	2,104,058	12	8.70	9	9	9	9	9	9	9	9
岐阜	2,066,569	9	8.54	9	9	9	9	9	9	9	8
群馬	1,966,265	10	8.13	8	8	8	8	8	8	8	8
栃木	1,935,168	10	8.00	8	8	8	8	8	8	8	8
岡山	1,925,877	10	7.96	8	8	8	8	8	8	8	8
熊本	1,840,326	9	7.61	8	8	8	8	8	8	8	7
鹿児島	1,797,824	9	7.43	7	8	7	7	7	7	7	7
三重	1,792,514	8	7.41	7	8	7	7	7	7	7	7
山口	1,572,616	9	6.50	7	7	7	7	7	7	7	6
長崎	1,562,959	9	6.46	6	7	6	6	6	6	6	6
愛媛	1,515,025	9	6.26	6	6	6	6	6	6	6	6
青森	1,482,873	7	6.13	6	6	6	6	6	6	6	6
岩手	1,416,928	7	5.86	6	6	6	6	6	6	6	6
奈良	1,375,481	5	5.69	6	6	6	6	6	6	6	5
山形	1,258,390	7	5.20	5	5	5	5	5	5	5	5
大分	1,236,942	6	5.11	5	5	5	5	5	5	5	5
秋田	1,227,478	7	5.07	5	5	5	5	5	5	5	5
滋賀	1,222,411	5	5.05	5	5	5	5	5	5	5	5
沖縄	1,222,398	5	5.05	5	5	5	5	5	5	5	5
宮崎	1,168,907	5	4.83	5	5	5	5	5	5	5	5
石川	1,164,628	5	4.81	5	5	5	5	5	5	5	5
富山	1,120,161	6	4.63	5	5	5	5	5	5	5	4
和歌山	1,074,325	5	4.44	4	5	4	4	4	4	4	4
香川	1,023,412	6	4.23	4	4	4	4	4	4	4	4
佐賀	877,851	5	3.63	4	4	4	4	4	4	4	3
山梨	852,966	5	3.53	4	4	4	4	4	4	4	3
徳島	831,598	5	3.44	3	4	3	3	3	3	3	3
高知	825,034	5	3.41	3	4	3	3	3	3	3	3
福井	823,585	4	3.40	3	4	3	3	3	3	3	3
島根	781,021	5	3.23	3	4	3	3	3	3	3	3
鳥取	615,722	4	2.55	3	3	3	3	3	3	3	2
合計	123,611,167	511	511.00	511	511	511	511	511	511	511	511

各国勢調査直後の定数配分とシミュレーション

	1995 人口	実	真	剰	ア	D	下	対	i	サ	ド
東京	11,773,605	25	28.13	28	27	28	28	28	28	28	30
大阪	8,797,268	19	21.02	21	20	21	21	21	21	21	22
神奈川	8,245,900	17	19.70	20	19	19	19	19	20	20	21
愛知	6,868,336	15	16.41	16	16	16	16	16	16	16	17
埼玉	6,759,311	14	16.15	16	16	16	16	16	16	16	17
千葉	5,797,782	12	13.85	14	13	14	14	14	14	14	14
北海道	5,692,321	13	13.60	14	13	13	13	13	13	13	14
兵庫	5,401,877	12	12.91	13	12	13	13	13	13	13	13
福岡	4,933,393	11	11.79	12	11	12	12	12	12	12	12
静岡	3,737,689	9	8.93	9	9	9	9	9	9	9	9
茨城	2,955,530	7	7.06	7	7	7	7	7	7	7	7
広島	2,881,748	7	6.88	7	7	7	7	7	7	7	7
京都	2,629,592	6	6.28	6	6	6	6	6	6	6	6
新潟	2,488,364	6	5.94	6	6	6	6	6	6	6	6
宮城	2,328,739	6	5.56	6	6	5	6	6	6	6	5
長野	2,193,984	5	5.24	5	5	5	5	5	5	5	5
福島	2,133,592	5	5.10	5	5	5	5	5	5	5	5
岐阜	2,100,315	5	5.02	5	5	5	5	5	5	5	5
群馬	2,003,540	5	4.79	5	5	5	5	5	5	5	5
栃木	1,984,390	5	4.74	5	5	5	5	5	5	5	5
岡山	1,950,750	5	4.66	5	5	5	5	5	5	5	5
熊本	1,859,793	5	4.44	4	5	4	4	4	4	4	4
三重	1,841,358	5	4.40	4	5	4	4	4	4	4	4
鹿児島	1,794,224	5	4.29	4	4	4	4	4	4	4	4
山口	1,555,543	4	3.72	4	4	4	4	4	4	4	4
長崎	1,544,934	4	3.69	4	4	4	4	4	4	4	3
愛媛	1,506,700	4	3.60	4	4	4	4	4	4	4	3
青森	1,481,663	4	3.54	3	4	4	4	4	4	4	3
奈良	1,430,862	4	3.42	3	4	3	3	3	3	3	3
岩手	1,419,505	4	3.39	3	4	3	3	3	3	3	3
滋賀	1,287,005	3	3.07	3	3	3	3	3	3	3	3
沖縄	1,273,440	3	3.04	3	3	3	3	3	3	3	3
山形	1,256,958	4	3.00	3	3	3	3	3	3	3	3
大分	1,231,306	4	2.94	3	3	3	3	3	3	3	3
秋田	1,213,667	3	2.90	3	3	3	3	3	3	3	3
石川	1,180,068	3	2.82	3	3	3	3	3	3	3	3
宮崎	1,175,819	3	2.81	3	3	3	3	3	3	3	3
富山	1,123,125	3	2.68	3	3	3	3	3	3	3	2
和歌山	1,080,435	3	2.58	3	3	3	3	3	3	3	2
香川	1,027,006	3	2.45	2	3	3	2	2	2	2	2
佐賀	884,316	3	2.11	2	2	2	2	2	2	2	2
山梨	881,996	3	2.11	2	2	2	2	2	2	2	2
徳島	832,427	3	1.99	2	2	2	2	2	2	2	2
福井	826,996	3	1.98	2	2	2	2	2	2	2	2
高知	816,704	3	1.95	2	2	2	2	2	2	2	2
島根	771,441	3	1.84	2	2	2	2	2	2	2	1
鳥取	614,929	2	1.47	1	2	2	2	2	1	1	1
合計	125,570,246	300	300.00	300	300	300	300	300	300	300	300

各国勢調査直後の定数配分とシミュレーション　　　　　　　　　　161

	2000 人口	実	真	剰	ア	D	下	対	i	サ	ド
東京	12,064,101	25	28.51	28	27	28	28	28	28	28	30
大阪	8,805,081	19	20.81	21	20	20	21	21	21	21	22
神奈川	8,489,974	18	20.07	20	19	20	20	20	20	20	21
愛知	7,043,300	15	16.65	17	16	16	16	17	17	17	17
埼玉	6,938,006	15	16.40	16	15	16	16	16	16	16	17
千葉	5,926,285	13	14.01	14	13	14	14	14	14	14	15
北海道	5,683,062	12	13.43	13	13	13	13	13	13	13	14
兵庫	5,550,574	12	13.12	13	13	13	13	13	13	13	14
福岡	5,015,699	11	11.86	12	11	12	12	12	12	12	12
静岡	3,767,393	8	8.90	9	9	9	9	9	9	9	9
茨城	2,985,676	7	7.06	7	7	7	7	7	7	7	7
広島	2,878,915	7	6.80	7	7	7	7	7	7	7	7
京都	2,644,391	6	6.25	6	6	6	6	6	6	6	6
新潟	2,475,733	6	5.85	6	6	6	6	6	6	6	6
宮城	2,365,320	6	5.59	6	6	6	6	6	6	6	6
長野	2,215,168	5	5.24	5	5	5	5	5	5	5	5
福島	2,126,935	5	5.03	5	5	5	5	5	5	5	5
岐阜	2,107,700	5	4.98	5	5	5	5	5	5	5	5
群馬	2,024,852	5	4.79	5	5	5	5	5	5	5	5
栃木	2,004,817	5	4.74	5	5	5	5	5	5	5	5
岡山	1,950,828	5	4.61	5	5	5	5	5	5	5	4
熊本	1,859,344	5	4.39	4	5	4	4	4	4	4	4
三重	1,857,339	5	4.39	4	5	4	4	4	4	4	4
鹿児島	1,786,194	5	4.22	4	4	4	4	4	4	4	4
山口	1,527,964	4	3.61	4	4	4	4	4	4	4	3
長崎	1,516,523	4	3.58	4	4	4	4	4	4	4	3
愛媛	1,493,092	4	3.53	4	4	4	4	4	4	4	3
青森	1,475,728	4	3.49	3	4	4	3	3	3	3	3
奈良	1,442,795	4	3.41	3	4	3	3	3	3	3	3
岩手	1,416,180	4	3.35	3	4	3	3	3	3	3	3
滋賀	1,342,832	4	3.17	3	3	3	3	3	3	3	3
沖縄	1,318,220	4	3.12	3	3	3	3	3	3	3	3
山形	1,244,147	3	2.94	3	3	3	3	3	3	3	3
大分	1,221,140	3	2.89	3	3	3	3	3	3	3	3
秋田	1,189,279	3	2.81	3	3	3	3	3	3	3	3
石川	1,180,977	3	2.79	3	3	3	3	3	3	3	3
宮崎	1,170,007	3	2.77	3	3	3	3	3	3	3	2
富山	1,120,851	3	2.65	3	3	3	3	3	3	3	2
和歌山	1,069,912	3	2.53	3	3	3	3	3	3	3	2
香川	1,022,890	3	2.42	2	3	2	2	2	2	2	2
山梨	888,172	3	2.10	2	2	2	2	2	2	2	2
佐賀	876,654	3	2.07	2	2	2	2	2	2	2	2
福井	828,944	3	1.96	2	2	2	2	2	2	2	2
徳島	824,108	3	1.95	2	2	2	2	2	2	2	2
高知	813,949	3	1.92	2	2	2	2	2	2	2	2
島根	761,503	2	1.80	2	2	2	2	2	2	2	1
鳥取	613,289	2	1.45	1	2	2	2	1	1	1	1
合計	126,925,843	300	300.00	300	300	300	300	300	300	300	300

	2005 人口	実	真	剰	ア	D	下	対	i	サ	ド
東京	12,576,601	25	29.53	30	28	29	29	29	29	29	31
大阪	8,817,166	19	20.70	21	19	20	21	21	21	21	22
神奈川	8,791,597	18	20.64	21	19	20	21	21	21	21	22
愛知	7,254,704	15	17.03	17	16	17	17	17	17	17	18
埼玉	7,054,243	15	16.56	17	16	16	16	17	17	17	17
千葉	6,056,462	13	14.22	14	14	14	14	14	14	14	15
北海道	5,627,737	12	13.21	13	13	13	13	13	13	13	14
兵庫	5,590,601	12	13.13	13	13	13	13	13	13	13	14
福岡	5,049,908	11	11.86	12	11	12	12	12	12	12	12
静岡	3,792,377	8	8.90	9	9	9	9	9	9	9	9
茨城	2,975,167	7	6.99	7	7	7	7	7	7	7	7
広島	2,876,642	7	6.75	7	7	7	7	7	7	7	7
京都	2,647,660	6	6.22	6	6	6	6	6	6	6	6
新潟	2,431,459	6	5.71	6	6	6	6	6	6	6	6
宮城	2,360,218	6	5.54	6	6	6	6	6	6	6	5
長野	2,196,114	5	5.16	5	5	5	5	5	5	5	5
岐阜	2,107,226	5	4.95	5	5	5	5	5	5	5	5
福島	2,091,319	5	4.91	5	5	5	5	5	5	5	5
群馬	2,024,135	5	4.75	5	5	5	5	5	5	5	5
栃木	2,016,631	5	4.74	5	5	5	5	5	5	5	5
岡山	1,957,264	5	4.60	5	5	5	5	5	5	5	4
三重	1,866,963	5	4.38	4	5	4	4	4	4	4	4
熊本	1,842,233	5	4.33	4	4	4	4	4	4	4	4
鹿児島	1,753,179	5	4.12	4	4	4	4	4	4	4	4
山口	1,492,606	4	3.50	3	4	4	4	4	4	4	3
長崎	1,478,632	4	3.47	3	4	4	3	3	3	3	3
愛媛	1,467,815	4	3.45	3	4	3	3	3	3	3	3
青森	1,436,657	4	3.37	3	4	3	3	3	3	3	3
奈良	1,421,310	4	3.34	3	4	3	3	3	3	3	3
岩手	1,385,041	4	3.25	3	3	3	3	3	3	3	3
滋賀	1,380,361	4	3.24	3	3	3	3	3	3	3	3
沖縄	1,361,594	4	3.20	3	3	3	3	3	3	3	3
山形	1,216,181	3	2.86	3	3	3	3	3	3	3	3
大分	1,209,571	3	2.84	3	3	3	3	3	3	3	3
石川	1,174,026	3	2.76	3	3	3	3	3	3	3	2
宮崎	1,153,042	3	2.71	3	3	3	3	3	3	3	2
秋田	1,145,501	3	2.69	3	3	3	3	3	3	3	2
富山	1,111,729	3	2.61	3	3	3	3	3	3	3	2
和歌山	1,035,969	3	2.43	2	3	3	2	2	2	2	2
香川	1,012,400	3	2.38	2	3	2	2	2	2	2	2
山梨	884,515	3	2.08	2	2	2	2	2	2	2	2
佐賀	866,369	3	2.03	2	2	2	2	2	2	2	2
福井	821,592	3	1.93	2	2	2	2	2	2	2	2
徳島	809,950	3	1.90	2	2	2	2	2	2	2	2
高知	796,292	3	1.87	2	2	2	2	2	2	2	2
島根	742,223	2	1.74	2	2	2	2	2	2	2	1
鳥取	607,012	2	1.43	1	2	2	2	1	1	1	1
合計	127,767,994	300	300.00	300	300	300	300	300	300	300	300

各国勢調査直後の定数配分とシミュレーション

	2010 人口	実	真	剰	ア	D	下	対	i	サ	ド
東京	13,159,388	25	30.83	31	29	30	31	31	31	31	33
神奈川	9,048,331	18	21.20	21	20	21	21	21	21	21	23
大阪	8,865,245	19	20.77	21	20	21	21	21	21	21	22
愛知	7,410,719	15	17.36	17	16	17	17	17	17	17	18
埼玉	7,194,556	15	16.85	17	16	17	17	17	17	17	18
千葉	6,216,289	13	14.56	15	14	14	14	14	14	14	15
兵庫	5,588,133	12	13.09	13	12	13	13	13	13	13	14
北海道	5,506,419	12	12.90	13	12	13	13	13	13	13	13
福岡	5,071,968	11	11.88	12	11	12	12	12	12	12	12
静岡	3,765,007	8	8.82	9	9	9	9	9	9	9	9
茨城	2,969,770	7	6.96	7	7	7	7	7	7	7	7
広島	2,860,750	7	6.70	7	7	7	7	7	7	7	7
京都	2,636,092	6	6.18	6	6	6	6	6	6	6	6
新潟	2,374,450	6	5.56	6	6	6	6	6	6	6	6
宮城	2,348,165	6	5.50	5	6	5	5	5	5	5	5
長野	2,152,449	5	5.04	5	5	5	5	5	5	5	5
岐阜	2,080,773	5	4.87	5	5	5	5	5	5	5	5
福島	2,029,064	5	4.75	5	5	5	5	5	5	5	5
群馬	2,008,068	5	4.70	5	5	5	5	5	5	5	5
栃木	2,007,683	5	4.70	5	5	5	5	5	5	5	5
岡山	1,945,276	5	4.56	5	5	5	5	5	5	5	4
三重	1,854,724	5	4.35	4	4	4	4	4	4	4	4
熊本	1,817,426	5	4.26	4	4	4	4	4	4	4	4
鹿児島	1,706,242	5	4.00	4	4	4	4	4	4	4	4
山口	1,451,338	4	3.40	3	4	3	3	3	3	3	3
愛媛	1,431,493	4	3.35	3	4	3	3	3	3	3	3
長崎	1,426,779	4	3.34	3	3	3	3	3	3	3	3
滋賀	1,410,777	4	3.31	3	4	3	3	3	3	3	3
奈良	1,400,728	4	3.28	3	4	3	3	3	3	3	3
沖縄	1,392,818	4	3.26	3	3	3	3	3	3	3	3
青森	1,373,339	4	3.22	3	3	3	3	3	3	3	3
岩手	1,330,147	4	3.12	3	3	3	3	3	3	3	3
大分	1,196,529	3	2.80	3	3	3	3	3	3	3	3
石川	1,169,788	3	2.74	3	3	3	3	3	3	3	2
山形	1,168,924	3	2.74	3	3	3	3	3	3	3	2
宮崎	1,135,233	3	2.66	3	3	3	3	3	3	3	2
富山	1,093,247	3	2.56	3	3	3	3	3	3	3	2
秋田	1,085,997	3	2.54	2	3	3	3	3	3	3	2
和歌山	1,002,198	3	2.35	2	3	2	2	2	2	2	2
香川	995,842	3	2.33	2	3	2	2	2	2	2	2
山梨	863,075	3	2.02	2	2	2	2	2	2	2	2
佐賀	849,788	3	1.99	2	2	2	2	2	2	2	2
福井	806,314	3	1.89	2	2	2	2	2	2	2	2
徳島	785,491	3	1.84	2	2	2	2	2	2	2	1
高知	764,456	3	1.79	2	2	2	2	2	2	2	1
島根	717,397	2	1.68	2	2	2	2	2	2	2	1
鳥取	588,667	2	1.38	1	2	2	1	1	1	1	1
合計	128,057,352	300	300.00	300	300	300	300	300	300	300	300

	2015 人口	実	真	剰	ア	D	下	対	i	サ	ド
東京	13,515,271	25	30.73	31	29	30	31	31	31	31	33
神奈川	9,126,214	18	20.75	21	20	21	21	21	21	21	22
大阪	8,839,469	19	20.10	20	19	20	20	20	20	20	21
愛知	7,483,128	15	17.02	17	16	17	17	17	17	17	18
埼玉	7,266,534	15	16.52	17	16	16	16	16	17	17	17
千葉	6,222,666	13	14.15	14	14	14	14	14	14	14	15
兵庫	5,534,800	12	12.59	13	12	12	13	13	13	13	13
北海道	5,381,733	12	12.24	12	12	12	12	12	12	12	13
福岡	5,101,556	11	11.60	12	11	12	12	12	12	12	12
静岡	3,700,305	8	8.41	8	8	8	8	8	8	8	9
茨城	2,916,976	7	6.63	7	7	7	7	7	7	7	7
広島	2,843,990	7	6.47	6	6	6	6	6	6	6	6
京都	2,610,353	6	5.94	6	6	6	6	6	6	6	6
宮城	2,333,899	6	5.31	5	5	5	5	5	5	5	5
新潟	2,304,264	6	5.24	5	5	5	5	5	5	5	5
長野	2,098,804	5	4.77	5	5	5	5	5	5	5	5
岐阜	2,031,903	5	4.62	5	5	5	5	5	5	5	5
栃木	1,974,255	5	4.49	5	5	5	5	5	4	4	4
群馬	1,973,115	5	4.49	4	5	5	4	4	4	4	4
岡山	1,921,525	5	4.37	4	5	4	4	4	4	4	4
福島	1,914,039	5	4.35	4	4	4	4	4	4	4	4
三重	1,815,865	4	4.13	4	4	4	4	4	4	4	4
熊本	1,786,170	4	4.06	4	4	4	4	4	4	4	4
鹿児島	1,648,177	4	3.75	4	4	4	4	4	4	4	4
沖縄	1,433,566	4	3.26	3	3	3	3	3	3	3	3
滋賀	1,412,916	4	3.21	3	3	3	3	3	3	3	3
山口	1,404,729	4	3.19	3	3	3	3	3	3	3	3
愛媛	1,385,262	4	3.15	3	3	3	3	3	3	3	3
長崎	1,377,187	4	3.13	3	3	3	3	3	3	3	3
奈良	1,364,316	3	3.10	3	3	3	3	3	3	3	3
青森	1,308,265	3	2.97	3	3	3	3	3	3	3	3
岩手	1,279,594	3	2.91	3	3	3	3	3	3	3	3
大分	1,166,338	3	2.65	3	3	3	3	3	3	3	2
石川	1,154,008	3	2.62	3	3	3	3	3	3	3	2
山形	1,123,891	3	2.56	3	3	3	3	3	3	3	2
宮崎	1,104,069	3	2.51	3	3	3	3	3	3	3	2
富山	1,066,328	3	2.42	2	3	3	2	2	2	2	2
秋田	1,023,119	3	2.33	2	3	2	2	2	2	2	2
香川	976,263	3	2.22	2	3	2	2	2	2	2	2
和歌山	963,579	3	2.19	2	3	2	2	2	2	2	2
山梨	834,930	2	1.90	2	2	2	2	2	2	2	2
佐賀	832,832	2	1.89	2	2	2	2	2	2	2	2
福井	786,740	2	1.79	2	2	2	2	2	2	2	1
徳島	755,733	2	1.72	2	2	2	2	2	2	2	1
高知	728,276	2	1.66	2	2	2	2	2	2	2	1
島根	694,352	2	1.58	2	2	2	2	2	2	2	1
鳥取	573,441	2	1.30	1	2	1	1	1	1	1	1
合計	127,094,745	289	289.00	289	289	289	289	289	289	289	289

	2020 人口	実	真	剰	ア	D	下	対	i	サ	ド
東京	14,047,594	25	32.18	32	30	32	32	32	32	32	34
神奈川	9,237,337	18	21.16	21	20	21	21	21	21	21	22
大阪	8,837,685	19	20.25	20	19	20	20	20	20	20	21
愛知	7,542,415	15	17.28	17	16	17	17	17	17	17	18
埼玉	7,344,765	15	16.83	17	16	17	17	17	17	17	18
千葉	6,284,480	13	14.40	14	14	14	14	14	15	15	15
兵庫	5,465,002	12	12.52	13	12	12	13	13	13	13	13
北海道	5,224,614	12	11.97	12	12	12	12	12	12	12	13
福岡	5,135,214	11	11.76	12	11	12	12	12	12	12	12
静岡	3,633,202	8	8.32	8	8	8	8	8	8	8	9
茨城	2,867,009	7	6.57	7	7	7	7	7	7	7	7
広島	2,799,702	7	6.41	6	6	6	6	6	6	6	6
京都	2,578,087	6	5.91	6	6	6	6	6	6	6	6
宮城	2,301,996	6	5.27	5	5	5	5	5	5	5	5
新潟	2,201,272	6	5.04	5	5	5	5	5	5	5	5
長野	2,048,011	5	4.69	5	5	5	5	5	5	5	5
岐阜	1,978,742	5	4.53	5	5	5	5	5	5	5	4
群馬	1,939,110	5	4.44	4	5	4	4	4	4	4	4
栃木	1,933,146	5	4.43	4	5	4	4	4	4	4	4
岡山	1,888,432	5	4.33	4	4	4	4	4	4	4	4
福島	1,833,152	5	4.20	4	4	4	4	4	4	4	4
三重	1,770,254	4	4.06	4	4	4	4	4	4	4	4
熊本	1,738,301	4	3.98	4	4	4	4	4	4	4	4
鹿児島	1,588,256	4	3.64	4	4	4	4	4	4	4	3
沖縄	1,467,480	4	3.36	3	4	3	3	3	3	3	3
滋賀	1,413,610	4	3.24	3	3	3	3	3	3	3	3
山口	1,342,059	4	3.07	3	3	3	3	3	3	3	3
愛媛	1,334,841	4	3.06	3	3	3	3	3	3	3	3
奈良	1,324,473	3	3.03	3	3	3	3	3	3	3	3
長崎	1,312,317	4	3.01	3	3	3	3	3	3	3	3
青森	1,237,984	3	2.84	3	3	3	3	3	3	3	3
岩手	1,210,534	3	2.77	3	3	3	3	3	3	3	3
石川	1,132,526	3	2.59	3	3	3	3	3	3	3	2
大分	1,123,852	3	2.57	3	3	3	3	3	3	3	2
宮崎	1,069,576	3	2.45	3	3	3	3	3	2	2	2
山形	1,068,027	3	2.45	2	3	3	2	2	2	2	2
富山	1,034,814	3	2.37	2	3	2	2	2	2	2	2
秋田	959,502	3	2.20	2	3	2	2	2	2	2	2
香川	950,244	3	2.18	2	3	2	2	2	2	2	2
和歌山	922,584	3	2.11	2	2	2	2	2	2	2	2
佐賀	811,442	2	1.86	2	2	2	2	2	2	2	2
山梨	809,974	2	1.86	2	2	2	2	2	2	2	2
福井	766,863	2	1.76	2	2	2	2	2	2	2	1
徳島	719,559	2	1.65	2	2	2	2	2	2	2	1
高知	691,527	2	1.58	2	2	2	2	2	2	2	1
島根	671,126	2	1.54	2	2	2	2	2	2	2	1
鳥取	553,407	2	1.27	1	2	1	1	1	1	1	1
合計	126,146,099	289	289.00	289	289	289	289	289	289	289	289

参考文献

Amari, Shun-Ichi (2009) "α-Divergence is Unique, Belonging to Both f-Divergence and Bregman Divergence Classes", *IEEE Transactions on Information Theory*, 55(11), pp. 4925-4931. https://doi.org/10.1109/TIT.2009.2030485

Balinski, Michel L. and H. Peyton Young (1982) *Fair Representation: Meeting the Ideal of One Man, One Vote*, Yale University Press.（前半の歴史的部分は邦訳あり。越山康監訳・一森哲男訳 (1987)『公正な代表制』千倉書房）

Birkhoff, Garrett (1976) "House monotone apportionment schemes", *Proceedings of the National Academy of Sciences,* 73(3), pp. 684-686. https://doi.org/10.1073/pnas.73.3.684

Gallagher, Michael (1991) "Proportionality, Disproportionality and Electoral Systems", *Electoral Studies*, 10, pp. 33-51. https://doi.org/10.1016/0261-3794(91)90004-C

堀内勇作・名取良太 (2007)「二大政党制の実現を阻害する地方レベルの選挙制度」『社会科学研究』58(5 & 6), pp.21-32. https://doi.org/10.34607/jssiss.58.5-6_21

Horiuchi, Yusaku and Jun Saito (2003) "Reapportionment and Redistribution: Consequences of Electoral Reform in Japan", *American Journal of Political Science*, 47(4), pp. 669-682. https://doi.org/10.1111/1540-5907.00047

堀田敬介・根本俊男・和田淳一郎 (2019)「参議院最適合区について」『選挙研究』35(2), pp. 86-102. https://doi.org/10.14854/jaes.35.2_86

Huntington, E. V. (1928) "The Apportionment of Representatives in Congress", *Transactions of the American Mathematical Society*, 30(1), pp. 85-110. https://doi.org/10.2307/1989268

井堀利宏 (2008)『「歳出の無駄」の研究』日本経済新聞社

井堀利宏・土居丈朗 (1998)『日本政治の経済分析』木鐸社

石弘光 (1982)『財政改革の論理』日本経済新聞社

石川真澄 (1985)『日本政治の透視図』現代の理論社

Kaneko, Mamoru and Kenjiro Nakamura (1979) "The Nash Social Welfare Function", *Econometrica*, 47(2), pp. 423-435. https://doi.org/10.2307/1914191

鎌原勇太・和田淳一郎 (2023)「定数配分と基準人口―2016年「衆議院議員選挙区画定審議会設置法及び公職選挙法の一部を改正する法律」の成立までの過程を事例として―」『選挙研究』39(1), pp. 107-121.

Kamahara, Yuta, Junichiro Wada and Yuko Kasuya（2021）"Malapportionment in spane and time: Decompose it!", *Electoral Studies*, 71, 102301. https://doi.org/10.1016/j.electstud.2011.102301

金子守（1980）「ナッシュ社会的厚生関数の理論」『経済セミナー』303, pp. 100-107. https://infoshako.sk.tsukuba.ac.jp/~kaneko/%E7%B5%8C%E6%B8%88%E3%82%BB%E3%83%9F%E3%83%8A%E3%83%BC1980April.pdf

越山康・山口邦明・村田裕（1985）『一票の価値』教育社

Loosemore, J. and V. Hanby（1971）"The Theoretical Limits of Maximum Distortion: Some Analytical Expressions for Electoral Systems", *British Journal of Political Science*, 1, pp. 467-477. https://doi.org/10.1017/S000712340000925X

Luce, R. Duncan and Howard Raiffa（1957）, *Games and Decisions*. John Wiley and Sons, Inc.

升永英俊（2020）『統治論に基づく人口比例選挙訴訟』日本評論社

May, Kenneth O.（1952）"A Set of Independent Necessary and Sufficient Conditions for Simple Majority Decision", *Econometrica* 20(4), pp. 680-684. https://doi.org/10.2307/1907651

Nash, John（1950）"The Bargaining Problem", *Econometrica* 18(2), pp. 155-162. https://doi.org/10.2307/1907266

名取良太（2013）「異なるレベルの選挙制度が阻害する日本政治の変化」『公共選択』60号, pp. 64-78. https://doi.org/10.11228/pcstudies.2013.60_64

Oates, Wallace（1972）*Fiscal Federalism*. Harcourt Brace Jovanovich.（米原淳七郎・岸昌三・長峯純一訳『地方分権の財政理論』第一法規）

斉藤淳（2010）『自民党長期政権の政治経済学』勁草書房

坂口利裕・和田淳一郎（2000）「選挙区割りの最適化について」『三田学会雑誌』第93巻第1号, pp. 109-137. https://doi.org/10.14991/001.20000401-0109

坂口利裕・和田淳一郎（2003）「選挙区割り問題」『オペレーションズ・リサーチ』第48巻第1号, pp. 30-35. https://orsj.org/wp-content/or-archives50/menu/03_48.html#vol1

Sakaguchi, Toshihiro and Junichiro Wada（2008）"Automating the Districting Process", Handley, Lisa and Bernard Grofman eds., *Redistricting in Comparative Perspective*, Oxford University Press.

Samuels, David, and Richard Snyder（2001）"The value of a vote: Malapportionment in comparative perspective", *British Journal of Political Science*, 31(4), pp. 651-671. https://doi.org/10.1017/S0007123401000254

Sen, Amartya（1973）*On Economic Inequality*. Oxford University Press.（杉山武彦訳（1977）『不平等の経済理論』日本経済新聞社．1997のEnlarged Editionは鈴

村興太郎・須賀晃一訳（2000）『不平等の経済学』東洋経済新報社）
Stolarsky, Kenneth B.（1975）"Generalizations of the Logarithmic Mean", *Mathematics Magazine,* 48(2), pp. 87-92. https://doi.org/10.1080/0025570X.1975.11976447
和田淳一郎（1985）「政治過程の経済学的分析」『ヘルメス』36 号，pp. 75-115.
和田淳一郎（1991）「議席配分の方式としてのサン＝ラグ方式」『公共選択の研究』18, pp. 92-102. https://doi.org/10.11228/pcs1981.1991.18_92
和田淳一郎（1995）「一票の平等について」『公共選択の研究』26 号，pp. 58-67. https://doi.org/10.11228/pcs1981.1995.26_58
Wada, Junichiro（1996）*Japanese Election System*, Routledge.
Wada, Junichiro（2010）"Evaluating the Unfairness of Representation with the Nash Social Welfare Function", *Journal of Theoretical Politics* 22(4), pp.445-467. https://doi.org/10.1177/0951629810375643
和田淳一郎（2010）「ナッシュ積（ナッシュ社会的厚生関数）に基づいた一票の不平等の研究」『選挙研究』第 26 巻第 2 号，pp. 131-138. https://doi.org/10.14854/jaes.26.2_131
Wada, Junichiro（2012）, "A divisor apportionment method based on the Kolm-Atkinson social welfare function and generalized entropy", *Mathematical Social Sciences*, 63, pp. 243-247. https://doi.org/10.1016/j.mathsocsci.2012.02.002
和田淳一郎（2012）「定数配分と区割り」『選挙研究』第 28 巻第 2 号，pp. 26-39. https://doi.org/10.14854/jaes.28.2_26
和田淳一郎（2013a）「選挙制度が押し広げる歪み」『公共選択』第 60 号，pp. 79-98. https://doi.org/10.11228/pcstudies.2013.60_79
和田淳一郎（2013b）「不平等指数」日本応用数理学会監修『応用数理ハンドブック』朝倉書店所収
Wada, Junichiro（2016）, "Apportionment Behind the Veil of Uncertainty", *Japanese Economic Review*, 67(3), pp. 348-360. https://doi.org/10.1111/jere.12093
和田淳一郎（2017）「一票の平等―個人還元主義の貫徹―」『オペレーションズ・リサーチ』62(10), pp. 662-670. https://orsj.or.jp/wp-content/corsj/or62-10/or62_10_662.pdf
Wada, Junichiro and Yuta Kamahara（2018）"Studying malapportionment using α-divergence", *Mathematical Social Sciences* 93 pp. 77-89. https://doi.org/10.1016/j.mathsocsci.2018.02.003
和田淳一郎（2022）「選挙制度」川野辺裕幸・中村まづる編著『公共選択論』勁草書房所収
Wada, Junichiro and Yuta Kamahara（2024）"A unified approach to measuring un-

equal representation", *Public Choice* 2024. https://doi.org/10.1007/s11127-024-01159-z

（URL はすべて 2024 年 8 月 11 日確認）

あとがき

　ある学会において討論者を引き受けてくださった畏友，福元健太郎先生に「本にすべき内容だ」と言われたのは何年前のことだろうか．在外研究中に執筆を始めたものの，帰国後，アドミッションズセンター長やら学部長やらの学内業務を相次いで命じられていたこともあり，思いのほか時間をとってしまった．本書は書き下ろしながら，現在までの筆者の研究遍歴を踏まえたものとなる．

　中3の公民，高1の政経の担当教諭は，上智大学で非常勤講師もやっており，2年間の授業を経済一色にしていた．マクロの乗数効果もミクロのスルツキー分解も初めて習ったのは中3か高1の時である．母校には，後のノーベル物理学賞受賞者小柴昌俊先生による「この世に摩擦がなければどうなるか」という「白紙答案が正答」となる試験問題の逸話すら残っている．中高一貫教育においてはありがちだが，受験にはまったく役に立たない経済学の授業が，一高校生の進路を決めることになった．理系に進んでも何をやったらいいのだろうなどと考えていた私は，この2年間の授業に影響を受けて経済学部に進学することにした．

　共通一次の政治経済こそ満点を取っていたものの，政治に興味が無かった私が大きく変わったのは，今は無き一橋大学小平分校で，たまたま受講した美濃口武雄先生の前期ゼミにおいて，1年をかけてケインズ『貨幣論』を読まされたことがきっかけだった．ケインズの貨幣三部作といわれる中の第2作にあたる同書は，古典派の世界観にある『貨幣改革論』から『一般理論』への移行期にあたり，先生の専門の経済学史的には重要なのであろうが，教養の学生には難解すぎた．そこで，寮で同室だった竹内俊雄君と『貨幣改革論』，『一般理論』をはじめとするケインズの他の著作を読む読書会を開いた．その中で魅了されたのが『平和の経済的帰結』である．ケインズが大蔵省首席代表の席を蹴ってベルサイユ条約批判を行った同書は，一般向けで勢いもあり，その内容も

1919 年に書いたものとは思えないようなものであって，経済学者がいくら正しいことを言っても政治がダメなら何にもならないのではないかという思いを深めた。そしてこれは，公共選択論に目を向けるきっかけになると同時に，ハーヴェイロードの前提といった形でケインズ政策批判を強めていた James Buchanan 率いるジョージメイソン大学ではなく，ワシントン DC を挟んで反対側のメリーランド大学を留学先に選んだ理由にもつながったかと思われる。

そのような思いを抱きながら，財政学の石弘光先生と公共経済学の野口悠紀雄先生の前期の 2 単位講義に潜り，取ってもいない講義へ提出したレポートを丹念に添削くださった石弘光先生のゼミに入れていただくことになった。

石先生は，政府税制調査会会長も務められた税の大家であるが，この当時，一票の不平等が引き起こす財政の歪みに関わる一連の著作を出されていた。私自身の学部の卒業論文の中でも一票の不平等に絡む実証分析を行い，実証分析の部分は一橋大学の学生誌である『ヘルメス』に掲載いただいた。回帰分析一つ回すにも大型コンピュータに頼らなければいけない時代，実証分析が珍しかったこともあろうが，この後この論文は，井堀利宏先生，土居丈朗先生，斉藤淳先生などが相次いで引用してくださったこともあり，東大教授，慶大教授，Yale 大学助教授に引用された伝説の卒論ということになっている。Cinii の時代，いくつかの大学での所蔵も確認できるので，機会があったらご笑覧いただきたい。

大学院経済学研究科に進学し，石先生，田近栄治先生が合同で運営される主ゼミ以外に，副ゼミとして，1 年目は鈴村興太郎先生，2 年目は野口悠紀雄先生のゼミにも参加させていただいた。後に Arrow, Sen という 2 人のノーベル経済学賞受賞者とともに *Handbook of Social Choice and Welfare* を編むことになる鈴村先生は，当時から博覧強記で，第 1 章で紹介した March-Levitan の定理が掲載された Luce and Raiffa（1957）や Balinski and Young（1982）などを紹介してくださった。

当時は，一橋大学などでも，各研究科 1 学年 10 人ほどしかいない優雅な時代である。オペレーションズリサーチ等にも興味を持っていた私は，伊丹敬之先生，杉山武彦先生などの商学研究科の講義やゼミなどにも参加させていただいた。第 6 章で触れた Pigou-Dalton 条件を示した Amartya Sen の *On Economic*

Inequality，今では鈴村先生・須賀晃一先生の訳になる Enlarged edition が使われることが多いと思われるが，当時利用可能であったオリジナル版の翻訳は杉山武彦先生であり，その距離はそれほど遠いものではない．

　指導教員の石先生は，一つの大学，一人の教師に長く付いているのはダメで，絶対に留学せよという方針をお持ちだった．金もないし英語も苦手だしということでグズグズしていた私には，特に圧が強かったと思う．

　バブル期の日本と違い，当時のアメリカの経済状況はよくなかったが，昔も今もアメリカの経済学系，自然科学系大学院は，少なくとも一年目さえ生き残れば授業料免除，assistantship で生活ができた．そこで西川隆尋君の手引きで国立のロータリークラブに知己を得た．その後，国立のロータアクトクラブで活動したこともあり，国立市のロータリークラブの方々がロータリー財団奨学金の選抜を押し上げていってくれた（と思う）．これにより渡航費と一年分の授業料，生活費が確保された．

　留学先に選んだメリーランド大学は，入学前から指導教員として対応してくださった『集合行為論』の Mancur Olson 先生，この分野の標準的なテキストをお書きになっていた Dennis Mueller 先生，*Probabilistic Voting Theory* で若くして脚光を浴びた Peter Coughlin 先生が field としての Public Choice を確立させており，これに，分権化定理などで高名な Wallace Oates 先生，税制の Henry Aaron 先生，日本通でもあった Martin McGuire 先生，若き准教授であった Robert Schwab 先生が Public Finance の field を担当されていた．ワシントンDC 郊外の大学のせいか，Public Economics 分野の充実ぶりは目を見張るものがあったのである．

　そしてこの大学の公共政策大学院には Peyton Young 先生がおられた．第 2 章から第 5 章の部分は Balinski and Young（1982）に大きく依拠しているが，この当時，Young 先生は，定数配分問題はすでに Webster 方式（サンラグ方式，除数閾値相加（算術）平均方式）の最適性により解決済みと考えられていた．授業も協力ゲームで半期，定数配分問題は後に出版される *Equity* を題材にした半期の講義の中で少々扱うといった程度のものであった．実際，Balinski and Young は 2000 年に改訂されるのだが，附表が追加され，前書きが若干変わっただけで，中身に変化は無い．

Balinski 先生，Young 先生はもともとが数学者であることもあろう，同著を支える Appendix の部分は必ずしも読みやすいものではない。そこでこの講義の宿題にかこつけて説明方法を変えた補論を添えてみたのだが，数学的に同値であるとけんもほろろ。同著が，前半部分のみとはいえ，邦訳まで出たのに，日本において定数配分方法に関する理解が進まないのは，この説明方法にも理由があるのではないかと，そのレポートの邦語での公開を考えた。

　当時のジョージメイソン大学には，後に第 3 代公共選択学会会長になる川野辺裕幸先生や大岩雄次郎先生，メリーランド大学には第 7 代会長になる長峯純一先生が在外研究でいらっしゃっており，『公共選択の研究』への投稿を相談，その後幸いにも査読が通り，掲載に至った。この雑誌は，後に公共選択学会を設立，初代会長になられた加藤寛先生が私財を投じて発行していたものであり，象徴としての朱色の表紙を定め，刊行をサポートしていたのは，本書の出版にもお力添えをいただいている宮本詳三さんだった。宮本さんには研究者人生のスタートからお世話になっていることになる。『公共選択の研究』はその後公共選択学会の機関誌となり，第 8 代会長として，昨年度からの電子ジャーナル化を主導したが，このシンボルカラーだけは残せたことに感慨を覚える。

　当時の日本における奇数方式，サンラグ方式（Webster 方式，除数閾値相加（算術）平均方式）の評価は，「小政党に有利すぎる」，「理論的，数学的，根拠，意味は無い」，「比例代表制とはいえない」といった散々なもので，1987 年に越山康弁護士の監訳で Balinski and Young (1982) の歴史的記述の部分が出ていても変わっていなかった。拙文の出版以降このような批判は消えたので，第 3 章にも採用したその説明方法は，それなりの説得力とインパクトを持ったものと自負している。慶應湘南藤沢キャンパスの成功の方が理由としては大きいと思うが，これ以降，地方国立，地方公立などから一本釣りの話をいただき，試しにと公募に応募した横浜市立大学に採用されたのは僥倖であった。（ちなみに出版された論文に Balinski and Young (1982) のオマージュとして載せた日本の定数配分を見て，Young 先生が逆転配分まであるではないかと驚かれたのを今も覚えている。本書には，Huntington (1928) が推したアメリカ下院方式（Hill 方式）と，それへの代替案として Balinski and Young (1982) が推した Webster 方式（サンラグ方式）との間に決着をつけるべき除数閾値対数平均方

式を含め，再びオマージュとしてのシミュレーションを掲載したので，是非その部分もご覧いただきたい。）

　Ph. D. 論文は，この頃の日本の大きなテーマであった政治改革（という名の選挙制度改革）をテーマに three essays style で終わらせる予定だった。一票の不平等に関しては，第 10 章の背後にある足による投票を応用した経済モデルを作成した。Defense の前にその部分を Oates 先生にお見せし，I like it! とおっしゃっていただいたことがどれだけ精神的安定になったか‥‥。それ以外に協力ゲームを使って，自民党の派閥均衡内閣はヨーロッパの連合政権と同じようにみなせるものであること，非協力ゲームにより，日本は 2 大政党制にはならないであろうこと，などが準備されていた。後のノーベル経済学賞受賞者，Thomas Schelling 先生の授業に加わることもなく，山重慎二君の手引きで週 1 回ボルチモアのジョンズホプキンズへ Joseph Harrington 先生の非協力ゲームの講義を聴きに行ったのも懐かしい思い出である。しかし，就職が先に決まったことにより，Olson 先生には，本としてまとめること，また，日本の選挙制度の歴史を記した英書がないことから，英語で日本の選挙制度の歴史を記すことを命じられた。Bruno S. Frey が 1985 年に *Public Choice* において公共選択 4 つの古典とした本の一つであり，今も政治学の reading list ranking において高位に登場する『集合行為論』は Olson 先生の博士論文であるが，当時すでに経済学は論文中心の時代に入っており，困ったなというのが実感であった。しかし，合格した Ph. D. 論文を，Olson 先生は約束通り本としての出版に導いてくださった。そしてこのことはその後の研究者人生に大きな影響を与えた。

　経歴からして十分にご理解いただけるように，私は日本の政治学界にまったく伝手を持っていなかった。川野辺先生に第 5 代公共選択学会会長になる小林良彰先生をご紹介いただき，田中愛治先生，池田謙一先生，平野浩先生などが集う MIT 研究会（三宅一郎チームの意味であることは後から知った）という実証系の研究会の末席で計量政治学の動きを覗かせていただいていた程度である。ただ，この頃出版された Ph. D. 論文が Arend Lijphart の *Patterns of Democracy* に引用され，それ以降，本人に比較政治学の素養が無いのにもかかわらず「レイプハルトに引用された和田さん」という形で次々に紹介され，一気に政治学界でのネットワークが広がった。同著は二度にわたって Lijphart の高

弟，粕谷祐子先生により翻訳されたが，よりによって粕谷先生が邦語の人名索引など付けるもので，非常に目立ったものになってしまっている（苦笑）。また，所属が経済学研究科の博士後期課程設置に向かい，助教授3年目だったのにもかかわらず，所属が予定していなかったD○合判定が付いたのも，日本においてはまだまだ単著が重みを持っていた時代ゆえかもしれない。

　この時期，グラフ理論を応用した区割の最適化問題に取り組み，Bernard Grofman 先生の目にとまったことにより先生の編著に取り込んでいただいた。顕示選好をたたき込まれた経済学徒として，調査による投票率が現実の集計データにおける投票率と異なることを嫌い，投票所を単位とした投票参加研究にGISを持ち込んだりもした。どちらも社会工学者である同僚の坂口利裕先生を巻き込んでの研究である。区割問題は社会工学者の根本俊男先生，堀田敬介先生などだけでなく，計量・数理政治学会の幹事を一緒に務める今井耕介先生までもがもの凄いパワーで登場してきたし，投票所の問題なども，横浜市大の大恩人である河村和徳先生やその下に馳せ参じた教え子の茨木瞬君などが丹念に進めているのでその後手を出さずにいる。

　この本の中核である第7章に取り込まれた一連の研究はひょんなことがきっかけでスタートした。横浜市立大学には，独法の際の人減らしに伴って，博士後期課程に非常勤予算が1コマ付けられている。この非常勤コマは使い勝手がよく，数少ない博士後期課程の院生の興味に応じた先生をお呼びすることができる。頼まれる先生の方も，専門にぴったり合った博士課程の院生がいるとなると，金沢八景の地までご足労いただける。博士後期課程に指導院生（現在深セン大学教員）が進学してきた際，彼女の興味が社会保障であったこともあり，旧知の金子能宏先生にこの非常勤講師を依頼した。1対1の贅沢な講義である。幸いにも金子先生は彼女のことを気に入り，社会保障人口問題研究所（社人研）にRAとして招き入れてくれた。博士後期課程の後半，彼女は金沢八景に来るのは週1日，週2日以上社人研に通っていた。そのような中，中国の地域間・地域内の所得の不平等を一括して扱うべく，分離可能性を持つ不平等指数である，平均対数偏差，タイル指数に関わる指導が金子先生より依頼されてきた。

　(Kolm-)Atkinson型の社会的厚生関数に遡っての説明などをいろいろと工夫

していた際に、この一般化エントロピーと呼ばれる指数は、一票の不平等を定数配分段階と区割段階に分けるのに使えることに気がつき、国際的な横断データ、日本の時系列データを利用し、国内外の雑誌に提起した。そしていたずら心を起こして、これら一般化エントロピーの最適化問題として定数配分を考察したのが第7章の前半となる。

　(Kolm-)Atkinson 型の社会的厚生関数が、経済学者が一番よく使うとはいえ、相対的危険回避度一定という効用関数の形状の特定化に依拠している。Huntington (1928) の5つの方式の一つである Dean 方式や、現実世界で提案されたり使われたりしている修正サンラグ方式、インペリアル方式、デンマーク方式などの除数方式は出せないのかという疑問は、accept してくれたレフリーならずとも思ったところではあった。

　そのような中、甘利俊一先生の論文を発見したのは僥倖であった。第7章の後半を成す、甘利先生の定理をそのまま使っての一般化を図った論文を、お目にかかったこともない先生にいきなりお送りしたのにもかかわらず、温かい応答をいただき心底恐縮した。このお返事がなければ投稿に不安を覚えたに違いない。学部時代、教員免許状（それも社会科以外の）を取らないと大学院進学はまかりならんという父（歴史学で博士課程単位修得をした社会科教師だった）の命令に従い、数学の教員免許状を取るべく奮闘した。後の日本数学会会長、岡本和夫先生、岩波から全集まで出された松坂和夫先生、大成節夫先生、岩崎史郎先生などの授業を取らせていただいていた。文系大学である一橋大学の学部で数学を取る人間はほとんどおらず、超少人数クラスである。ただ、超少人数であるがゆえに、コーヒーを奢っていただいたり、ゼミの壮行会にお誘いいただいたり、果てはご自宅の新年会にお招きいただいたりといった体での単位取得で、情報幾何を自家薬籠中のものにするには少々力不足なのである。

　第7章で示したように一般化エントロピーは α-ダイバージェンスと同等であり、(Kolm-)Atkinson 型の社会的厚生関数に依拠しなくとも f-ダイバージェンスが個人還元主義を体現する。今回、第4章で Huntington (1928) を丁寧に解きほぐしたことにより、5つの方式の中で、Dean 方式のみが個人を基準にすることがないことも確認できた。一票の平等を追究しているのだから個人還元的であることは当然であり、第2章、第6章などでは均等区割パラドックス

（非一貫性パラドックス）という形でそれ以外の定数配分方法の問題点として指摘させていただいた。

　一票の不平等絡みの論文を書いている間に，一人一票実現国民会議を主導する三人の弁護士の中の一人である升永英俊弁護士の知遇を得ることとなった。第8章で紹介した西岡武夫参議院議長によるブロック制の話は，一票の不平等問題を語るのに人権論だけでなく統治論へもウィングを広げられた升永弁護士の依頼でいくつかのシミュレーションを行う中で発見したものである。

　2024年10月27日の第50回衆議院総選挙が終わったところでこのあとがきを書いている。この選挙では安倍派を中心にした裏金問題が争点になっていたが，経団連，経済同友会までもが一丁目一番地といっている選択的夫婦別姓が選挙戦の前後で蔑ろになってきたのが気になった。自民党の有力な支持基盤である経済界までもが望んでいる選択的夫婦別姓がなぜいつの間にか蔑ろにされるのか。

　安倍派を水ぶくれさせていたのは，裏金以上に統一教会の力もあったようである。マスコミ等のデータを丹念に追うと，自民党が惨敗した2009年の選挙で弱かった政治家が統一教会との接触を持ち，実は第2次安倍政権を成立させた2012年以降もそれらの政治家は選挙に弱くギリギリで当選していたという傾向が確認できる。7代前の先祖を口実に資金集めをしているこのカルトはイエにこだわる。こういった全体主義的な動きに伴う排外主義的な動きも気になるところであり，第7章絡みの実証分析を一緒に進めてくれた若き共同研究者の鎌原勇太先生との最近の共同論文における知見を第9章に織り込ませてもらった。

　この著書は一人一票訴訟を主導する三人の弁護士の一人である伊藤真弁護士が「憲法でもっとも大切なもの」として上げている憲法第13条「すべて国民は，個人として尊重される。」から始めた。イエにしろムラにしろクニにしろカルトにしろ，個人を大事にしない全体主義や排外主義がこの国に蔓延らないように祈りたい。

2024年秋

和田淳一郎

索引

数字・アルファベット
1+最大剰余方式　15
1人別枠方式　15
Adams 方式　42
α-ダイバージェンス　98, 100
Dean 方式　50
f-ダイバージェンス　96
Gallagher 指数　76
Hamilton 方式　15
Hill 方式　54
Jefferson 方式　27, 41
Loosemore-Hanby 指数　75
L^p norm　20
MAL　75
March-Levitan の定理　10
May の定理　9
Pigou-Dalton 条件　76
Vinton 方式　15
Webster 方式　38, 42, 66, 67

ア行
アダムズ方式　32, 42, 53, 54
アメリカ下院方式　54
アラバマパラドックス　17
一般化エントロピー　85, 86
伊藤真　3

カ行
較差　71
カルバック・ライブラー・ダイバージェンス　99, 100
均等区割パラドックス　76
限界効用の資産弾力性　82
コサイン類似度　74

サ行
最大剰余方式　15
サンラグ方式　37, 42, 48, 66, 67
ジニ係数　74
社会的厚生関数　81
　Atkinson 型——　83
　ナッシュ型——　83
　ベンサム型——　83
　ロールズ型——　83
除数閾値下限方式　42, 53, 54
除数閾値上限方式　41, 52, 53
除数閾値相加（算術）平均方式　37, 42, 48
除数閾値相乗（幾何）平均方式　54
除数閾値調和平均方式　50
除数切上方式　32, 42
除数切捨方式　27, 41
除数四捨五入方式　37, 42
除数方式　25
人口パラドックス　18
真の取り分　4, 15
相対的危険回避度　81
相対的リスクプレミアム　81
阻止条項　123

タ行
ダイバージェンス　96
タイル指数　85, 86
ドント方式　27, 41, 52, 53

ナ行
ナッシュ交渉解　83

ハ行
非一貫性パラドックス　76

一人一票実現国民会議　3
フォン・ノイマン＝モルゲンシュテルン型の期
　　待効用　81
ブレグマン・ダイバージェンス　98
平均対数偏差　85, 86
平方変動係数　87
変動係数　87

マ行
マンハッタン距離　20

無知のヴェール　80

ヤ行
ユーグリット距離　20

ラ行
立憲後段階　80
立憲段階　80
ローレンツ曲線　74

著者略歴

和田　淳一郎（わだ　じゅんいちろう）
横浜市立大学国際商学部教授，同学部長。
一橋大学経済学部，同大学院経済学研究科修士課程を経て，ロータリー財団の奨学金により米国メリーランド大学へ留学。Ph.D.
「ナッシュ積（ナッシュ社会的厚生関数）に基づいた一票の不平等の研究」で選挙学会賞，A divisor apportionment method based on the Kolm-Atkinson social welfare function and generalized entropy で公共政策学会論説賞，「定数配分と基準人口」で選挙学会賞を受賞。現在，公共選択学会会長，計量・数理政治学会幹事。
研究キーワード：選挙制度，定数配分，選挙区割り，投票率

一票の平等の政治経済学
――一人一人の投票価値の平等を追求する

2024 年 12 月 25 日　第 1 版第 1 刷発行

著　者　和田淳一郎

発行者　井　村　寿　人

発行所　株式会社　勁　草　書　房
112-0005 東京都文京区水道 2-1-1　振替 00150-2-175253
（編集）電話 03-3815-5277／FAX 03-3814-6968
（営業）電話 03-3814-6861／FAX 03-3814-6854
三秀舎・松岳社

Ⓒ WADA Junichiro　2024

ISBN978-4-326-50508-1　　Printed in Japan　

 ＜出版者著作権管理機構　委託出版物＞
本書の無断複製は著作権法上での例外を除き禁じられています。
複製される場合は，そのつど事前に，出版者著作権管理機構
（電話 03-5244-5088, FAX 03-5244-5089, e-mail: info@jcopy.or.jp）
の許諾を得てください。

＊落丁本・乱丁本はお取替いたします。
　ご感想・お問い合わせは小社ホームページから
　お願いいたします。

https://www.keisoshobo.co.jp

川野辺裕幸・中村まづる 編著
公共選択論
A5 判　3,080 円
50490-9

アレンド・レイプハルト／粕谷祐子・菊池啓一 訳
民主主義対民主主義 [原著第 2 版]
多数決型とコンセンサス型の 36 カ国比較研究
A5 判　4,180 円
30233-8

リチャード・カッツ　ピーター・メア／
岩崎正洋・浅井直哉 訳
カルテル化する政党
A5 判　4,400 円
30319-9

ウォルター・リップマン／小林正弥 監訳
リップマン　公共哲学
46 判　2,970 円
15485-2

ジェイソン・ブレナン／
井上　彰・小林卓人・辻　悠佑・福島　弦・福原正人・福家佑亮 訳
アゲインスト・デモクラシー　上・下巻
46 判　上 3,520 円〜
　　　下 3,300 円
35186-2, 35187-9

ラリー・ダイアモンド／市原麻衣子 監訳
侵食される民主主義　上・下
内部からの崩壊と専制国家の攻撃
46 判　各 3,190 円
35183-1, 35184-8

―――― 勁草書房刊

＊表示価格は 2024 年 12 月現在。消費税（10％）が含まれています。